ロースクール生が、出張教室。

法教育への扉を叩く9つの授業

大村 敦志 監修
東京大学法科大学院・出張教室 編著

商事法務

はしがき

　本書は、裁判員制度が導入されることになり、法教育の重要性が意識されるようになった昨今において、法教育とは一体どのようなものを指すのかを模索するべく書かれたものです。

　本書は、序、第1編、第2編から構成されています。第1編は、識者3名から法教育について寄稿していただいたもので、総論的位置づけとなっています。これに対し、第2編は、各論として、「出張教室」が行ってきた授業例を収録しています。

　第1編に寄稿していただいたのは、鈴木啓文弁護士、吉田俊弘教諭、竹下慶判事補で、いずれも法教育に携わった経験のある方々です。

　鈴木弁護士は、日本弁護士連合会の「市民のための法教育委員会」に所属されているほか、法教育推進協議会にも所属され、『はじめての法教育　Q&A』（ぎょうせい）の執筆に携わられるなど、法教育に深く関わってこられた法律実務家です。

　吉田教諭は、筑波大学附属駒場中・高等学校に勤務され、同校において「出張教室」の発足した2004年度から「出張教室」の開催を引き受けていただいております。また、同校で教諭として勤務されるかたわら、法教育研究会・法教育教材作成部会において「司法」グループの主担当をされたり、鈴木弁護士同様、法教育推進協議会・教材改訂検討部会のメンバーとして『はじめての法教育　Q&A』の執筆に携わられるなど、法教育に深くかかわっておられます。

　竹下判事補は、法科大学院が発足した2004年度に東京大学法科大学院に入学し、中高生に法律にまつわる授業を行うことを目的とした「出張教室」を立ち上げたメンバーであり、「出張教室」の初代代表を務めました。東京大学法科大学院修了後、司法修習を経て、現在は、判事補

として、静岡地方裁判所に勤務されています。

　鈴木弁護士からは法律実務家としての視点で、吉田教諭からは教育者としての視点で、竹下判事補からは「出張教室」初期メンバーとしての視点で、法教育についてご執筆いただきました。

　第2編は、授業をつくる過程から、授業当日の生徒たちのリアクション、そして授業を終えた後に、授業をした者が考えさせられたことなどを、授業例とともに収録しています。

　「出張教室」は、法科大学院が発足した2004年度に始まり、今期で第5期を迎えようとしています。授業を終えた第4期までのものだけでも、授業例は30を超えます。本書では、「出張教室」が行ってきた30以上の授業例の中から、第4期のものを中心に、扱ったテーマ、内容のバランス等を考慮し、9つの授業例を収録しました。

　この第2編の構成・概略については、第2編序章に譲りたいと思います。

　序では、「出張教室」の顧問でもあり、本書の監修もつとめていただいた、大村敦志先生に法教育への思いを綴っていただきました。

　本書は、法科大学院生が行った授業を基軸に法教育とはどのようなものなのかを模索していこうという実験的なものですが、本書が、法教育を考える一助になれば、これにまさる喜びはありません。

　最後になりますが、本書の出版をご提案くださった社団法人商事法務研究会の松澤三男専務理事、原稿の整理・校正等にご助力いただいた株式会社商事法務書籍出版部の岩佐智樹氏のお力添えに厚く御礼申し上げます。

平成20年10月

東京大学法科大学院

「出張教室」一同

目　次

Contents

序に代えて──法科大学院と法教育　　　　　大村敦志──1

第1編　法教育と「出張教室」────────────────7
　　　法科大学院学生による法教育に期待すること　鈴木啓文　8
　　　学校と法教育　　　　　　　　　　　　　　　吉田俊弘　16
　　　「出張教室」の始まり　　　　　　　　　　　竹下　慶　24

第2編　事例集────────────────────33
　　序　章　本編の構成と概略　34
　　第1章　校長先生、この企画やれないの？　どうして？　39
　　　　　　■1 授業に向けて　39
　　　　　　■2 授業の模様　43
　　　　　　■3 授業を終えて　51
　　　　　　■4 解　説　51
　　第2章　人助けしたつもりが勘違い！
　　　　　　ケガをさせてしまったボクは犯罪者？　53
　　　　　　■1 授業に向けて　53
　　　　　　■2 授業の模様　57
　　　　　　■3 授業を終えて　72
　　　　　　■4 解　説　73
　　第3章　ある日、男性に絡まれた女性・明子「やめて！」と
　　　　　　男性を突いたら大変なことに……どうなる、明子？　75
　　　　　　■1 授業に向けて　75
　　　　　　■2 授業の模様　79
　　　　　　■3 授業を終えて　92
　　　　　　■4 解　説　93

第4章　児童虐待　助けなかった母親は有罪か？　95
　　　　１ 授業に向けて　　95
　　　　２ 授業の模様　　99
　　　　３ 授業を終えて　　112
　　　　４ 解　説　　113

第5章　犯人のように思えるが証拠は不完全
　　　　裁判官は有罪判決を下すべきか？　115
　　　　１ 授業に向けて　　115
　　　　２ 授業の模様　　118
　　　　３ 授業を終えて　　133
　　　　４ 解　説　　134

第6章　裁判員に選ばれた！　あなたならどう裁く？　136
　　　　１ 授業に向けて　　136
　　　　２ 授業の模様　　139
　　　　３ 授業を終えて　　151
　　　　４ 解　説　　152

第7章　インターネット上の言い争い　これって名誉毀損？　154
　　　　１ 授業に向けて　　154
　　　　２ 授業の模様　　157
　　　　３ 授業を終えて　　169
　　　　４ 解　説　　171

第8章　隣人が目を離したすきに我が子が
　　　　――隣人の責任は？　裁判に訴えてもいい？　173
　　　　１ 授業に向けて　　173
　　　　２ 授業の模様　　176
　　　　３ 授業を終えて　　189
　　　　４ 解　説　　190

第9章　ゴミ置き場に関するルールづくり　192
　　　　１ 授業に向けて　　192
　　　　２ 授業の模様　　195
　　　　３ 授業を終えて　　207
　　　　４ 解　説　　207

序に代えて──法科大学院と法教育

大村 敦志（東京大学教授、東京大学法科大学院「出張教室」顧問）

■ 法科大学院の開放

　大正デモクラシー期の法学は、法の普及活動によって特徴づけられる。その中心にあった末弘厳太郎は、『法律時報』を創刊するとともに、セツルメント活動の一環として法律相談を開始した。

　関東大震災の復興支援を契機に組織された東京大学セツルメント法律相談部は、学生たちにとって、大学で学んだ法知識を市井の人々に分与する場であるとともに、法典に書かれたのとは異なる「生ける法」の存在を体感し学習する場でもあった。こうして生まれ、その後は全国の大学に普及した法律相談所は、法へのアクセスが容易ではなかった時代には、大きな社会的役割をはたした。また、この活動を通じて育った多くの有為の若者たちが、今日、各界で活躍している。末弘のスローガンであった「法科大学の開放」は、一方的なものではなく双方的なものであったといえる。

　2004年の法科大学院発足に際して、私は次のように考えた。いまこそ、80年前の末弘の思想を新たな形で継承すべきではないか。「法科大学院の開放」をはかる、すなわち、学生たちと市民社会との相互交流をはかるための活動を組織すべきではないか。学生たちの活動を通じて、法科大学院そのものがわずかなりとも社会に貢献するとともに、ややもすれば試験に関心が向きがちな学生たちに対して、法と社会の接点に目を向ける契機を提供することが必要なのではないか。

　もっとも実際に私が始めたのはごくささやか試みであった。外国人や年少者に向け、ネットや書籍を通じて、できるだけわかりやすい形で法

知識を提供し、法的思考について説明する。そのような課題を設定した演習を 2005 年度から開講している。具体的には、2005 年度、2006 年度は「外国人留学生のための法律ハンドブック」をネット上に開設した。2008 年度は、中高生向けの法入門書を新書版で公刊する計画を進めている。

幸いなことに、この演習には毎年多くの参加者が集まり、授業時間以外にも少なからぬ時間を費やして、自主的に作業が進められている。このことは「法科大学院の開放」への志向が、学生たちの側にも存在していることを示しているといえるだろう。

■「出張教室」との出会い

本書で紹介される東京大学法科大学院「出張教室」の試みは法科大学院の発足の年にスタートした。現在は、新年度に新メンバーを募り、年度末の「出張教室」に向けて準備を進める、というスタイルが確立しているようだが、こうした 1 年単位の活動も今年で 5 期目に入っている。この活動はまったくの自主活動・課外活動として行われている。少し前から、私は、この活動を支える有志団体の顧問をしているが、全く名目上の顧問であり、活動そのものにはタッチしていない。本書の執筆も学生たちが自力で行ったものである。

では、私がなぜ顧問になっているのかといえば、これには 2 つの理由がある。第 1 に、上記の私の演習の参加者の中には、「出張教室」にも参加している学生が少なくない。たとえば、昨年までの 4 人の「出張教室」責任者のうち 2 人は私のゼミ生でもあった。第 2 に、しばらく前から私は法教育に推進・普及に関心を持ち、自分でも何冊かの書物を執筆・翻訳してきた。本書と同じ出版社から刊行されている『市民社会と〈私〉と法——高校生のための民法入門』（Ⅰ＝2008 年刊、Ⅱ＝近刊予定）もその一環として書かれたものである。そこである年に、私は「出張教室」の学生たちに頼んで、彼らのリハーサルや授業の見学をさせてもらうこ

とにした。こうして私は「出張教室」を知り、これが機縁で顧問を引き受けることになった。

　以上の経緯からもわかるように、「出張教室」と私の関係は、指導し指導されるというものではない。法科大学院の開放そして法教育の推進・普及という2点において学生諸君と私の関心が一致したため、対等のパートナーとして相互に協力しあっているというわけである。

■ 法教育の難しさ

　法教育は始まったばかりのプロジェクトである。その目的や内容に関する合意はまだ十分にできあがっていないが、私の個人的な見聞に基づき大胆に整理するならば、「法教育」に対する見方は、知識重視型と考え方重視型に大別される。これもおおまかな印象だが、現場の先生方には、確かな知識を求める傾向があるのに対して、法律家の多くは考え方を強調するように思われる。

　もちろん真理は中庸にある。基本的な知識なしでは「考える」ことも困難であるが、断片的な知識を蓄積しただけでは法的見識を備えたとは言い難い。一般論として、このことに異論はないだろう。それにもかかわらず、「確かな知識」が求められるのは、「考え方」を教えることが重要であるとしても、そのための手がかりがなかなか得られないからであろう。私自身も含めて、法律家はしばしば「考え方」を口にするが、この「考え方」を一言で明確に表現してはくれない。

　これには無理もないところもある。「考え方」を言語化することはあるところまでは不可能ではない。しかし、どうしても言葉にはならない部分が残るし、また、言葉として一般化することができても、それは「考え方」の指針を示しただけのことであり、指針を得ただけで直ちに「考え方」が身につくというわけではない。大事なのは、考える経験を積み重ねることである。法律家はそう思ってしまうのである。

　だから、どんなケースでもかまわないので、生徒たちが意見を戦わせ

ることができるような場をつくってほしい。極端に言えば、結論は二の次。先生方には、生徒たちが、他者の異なる意見に耳を傾け、具体的な論拠を挙げて議論できるように、あるいは、自由や平等、公正さといった基本価値に留意しつつ、関連の諸制度や具体的な問題を理解・評価できるように、一定の方向づけをしてもらうだけでよい。難しく考える必要はない。

　確かにそうかもしれない。現場の先生方もそう思う。とはいえ、不安は払拭されない。法律家にとって「難しく考える必要はない」「一定の方向づけ」が、必ずしも簡単ではないからである。これが簡単にできる、というのは法的な考え方を身につけているからなのである。実際には、やってみればそれほど難しいことではないのだが、先生方は、簡単ではない、という印象を持ってしまう。

　結局のところ、法教育の難しさは、指導にあたる先生方が、生徒たちとともに、自分の内なる法意識・法観念を発見・自覚していかなければならない、という点にあるといえよう。これは正解を一方的に伝えるのに比べ、ある意味では難しい作業かもしれない。しかし、見方を変えれば、これは先生方にとっても自己発見のプロセスを含む興味深い作業であるともいえる。

■ 生徒や学生とともに育つ

　今日、私自身の著書も含めて、法教育に関する出版物の数は急増しつつある。そうした中で、本書のメリットは、著者である学生たちが、法的な考え方を学び始めたばかりであり、現在も学んでいる途中の人々である点に求められるだろう。このことは、場合によっては、知識の不足や思考の未熟さをもたらしているかもしれない。しかし、本書には、学生たちの新鮮な驚きが二重の形で伏在しているように思われる。1つは、法科大学院において法的な考え方を学んだ際の彼ら自身の驚きであり、もう1つは、中高生に法を語った際に遭遇した驚きである。

これらの驚きは、本書を手がかりに法教育の授業を実施してみよう、と考えておられる先生方を、秘かにサポートするのではなかろうか。法科大学院の学生たちがどこで立ち止まり、何を考えたのか。本書を手にした先生方は、学生たちの心の動きにご自身の心の動きを重ねてみることだろう。そこから生ずる小さな驚きを通じて、それぞれの先生方が適切だと考える「一定の方向づけ」が見えてくるのではないか。
　そして教室では、学生たちがそうであったように、もう1つの驚きが待っているはずである。学生たちは「出張教室」の機会を与えていただいたことによって大きく成長したが、法教育を実践される先生方も、おそらくは生徒たちとともに育っていかれるに違いない。
　かく言う私自身も、教室では驚かされることが少なくない。本書を含む「出張教室」の試みもそうであるが、学生たちの言動や活動を通じて、法とは何か、法教育はいかにあるべきかにつき、認識を改めることも少なくない。驚きが驚きを呼んで、響き合う。こうした経験を通じて、これからの法教育は進展していくだろう。

第1編
法教育と「出張教室」

法科大学院学生による法教育に期待すること

鈴木 啓文（弁護士）

■ はじめに

　自由で公正な社会の担い手をはぐくむことを目的とした法教育が大きく動きだしたのは、2000年になってからである。法務省が法教育研究会を設けたのは、2003年7月である。

　法科大学院は2004年4月に開校して4年である。「線」による養成制度を実現すべく、実務法曹の養成の場として期待されている。

　法科大学院の学生が法教育の活動にとりくむということは、この2つの接点で動きだしたものである。まだ始まったばかりであるが、この活動は、法教育にとっても、法科大学院の法曹養成にとっても、意味のあることである。

■ 法教育の動き

　法教育は、「法律専門家でない人々を対象に、法、法過程、法制度、これらを基礎づける基本原則と価値に関する知識と技術を身につけてもらう教育」であり、自由で民主的な社会における市民の育成の一助となるものである。

　これまでの学校教育では、憲法を中心とした法制度の知識を伝えることが中心となり、市民1人ひとりと法の関係、市民が法制度を利用すること、私法の分野や法・ルールの基本的な考え方などについては、正面から取り上げることはなかなか行われてこなかった。

　法律を学ぶのは大学からのものと社会的にも考えられてきていた。

　今般の司法制度改革において、司法制度が国民的基盤の上に立つため

には、司法教育の充実すなわち司法の仕組みや働きに関する国民の学習機会の充実を図ることが望まれるとされた。

法務省が法教育研究会を設置し、その報告書である『はじめての法教育』は、「新たな時代の自由かつ公正な社会の担い手をはぐくむためには、法教育が必要不可欠であるとの認識に至り、今後、更に法教育を普及・発展させていく一つの方向性を指し示す」ものとしてまとめられた。

他方、文部科学省では学習指導要領の改訂作業が進められ、その中で、法を切り口にした教育の重要性を意識され、「法教育」という言葉は使われていないが、法教育のエッセンスを取り入れる内容が盛り込まれた改訂作業が進められている。

今後は、法教育をいかに実践していくかが課題となっていく。

■ 法教育でなにを伝えるのか

法教育は、国民の司法参加制度と無関係ではない。審議会意見書が充実を求める司法教育はそのような視点が強い。裁判員制度の導入が、法教育を推し進めている一要因であることは否めない。

しかし、法教育は、裁判員制度の教育にとどまらず、「国民一人ひとりが、自由で公正な社会の担い手となるために欠くことのできない資質の育成を目指すもの」として広がりをもっている。

法律実務家養成の際にいわれるリーガルマインドが、法律専門家として必要な能力を意味するものだが、法教育では、いわばリーガルリテラシー（法的素養）の育成を目指している。

知識面では、価値・原理に関する理解、さらには制度手続についての知識の育成が、技能面では、知識を応用させる技能と参加の技能の育成が必要であり、さらに気概・信念といった面の育成も大切である。知識だけではなく、それをいかに使ったらよいのかという技能の面、さらには、そうした知識、技能を活用しようという思いを育むことが大切である。

法務省法教育研究会『はじめての法教育』においては、
1　法は共生のための相互尊重のルールであること
2　私的自治の原則など私法の基本的な考え方
3　憲法及び法の基礎にある基本的な価値
4　司法の役割が権利の救済と法秩序の維持・形成であること
の4分野を挙げている。

　アメリカの公民教育センターは、権威、プライバシー、責任、正義の4概念で体系化を図っている。ストリートローは高校生向けのプログラムということもあり、そのテキストは、より実定法に則して、憲法上の人権、刑事手続、契約、消費者法など個人の身の回りで出会う可能性のある法律を解説するものとなっている。

　内容の面については、今後、法教育が広まってくる中で、様々なものが取り上げられることになり、そうした中から体系化が進むと思われる。

■ 米国でのロースクールとの連携

　ロースクールにより実務法曹を養成してきた米国では、ロースクールが法教育に関わっている。

　米国では、学校現場が荒廃した時代を受け、1960年代から1970年代にかけて法教育 (Law Related Education) が提唱され、各地で実施されるようになった。現在、公民教育センター (CCE)、米国法曹協会 (ABA)、憲法上の権利財団 (CRFC)、ストリートローなどの各法教育団体が、教育カリキュラムや副教材を作成し、実務法曹、ロースクールも協力して、各地で実践している。

　公民教育センターは、カリフォルニア大学ロサンジェルス校ロースクール等が中心となって作られた公民教育委員会から活動を始め、カリフォルニア州弁護士会と協力して立ち上がった団体である。

　ジョージタウン大学ロースクールでは、ストリートローとして、ロースクールの学生に積極的に法教育に関わってもらうプログラムを組んで

いる。

　ストリートローは、1972年にロー教授と4人のロースクールの学生が始めた高校生向けのプロジェクトに端を発する。そのころ、教授と学生たちは、若者がトラブルに巻き込まれることが多くなんとか若者に実社会で生きていくために必要な法について情報を提供したいと考えていた。そこで、教授たちは、若者が法的な紛争に巻き込まれないように何をすべきかを教えるいわば予防法学的なアプローチに基づくプログラムを開発した。基本的にロースクールの学生が学校に出向き教師と協力しながら生徒に教えるスタイルがとられる。このスタイルは、その後、多くのロースクールに広まった。

　さらに現在ワシントンDCのダウンタウンにジョージタウン大学ロースクール卒業生が高等学校を認可学校（チャータースクール）として設立し教育を行っている。

　チャータースクールを見学した際に見た授業は、ロー教授が高校生に対して、不動産を借りて住んでいるときに、住まいの周りに様々なトラブル（水道管が破裂している、壁に亀裂が入っている、家の中を覗く人がいるなど）が起きたときに、誰に対してどのような請求ができるのかについて、具体的に契約書や法律を見ながら考えてもらうというものであった。

　ストリートローは、このように実社会に出て使うことになる法について考えてもらうものである。

■ 法科大学院が法教育に関わること

　法教育研究会報告書では、「将来的には、法教育を法科大学院のクリニックの一つとして位置付けることも視野に入れて検討し得るところであるが、これは法教育自体が相当に確立することが前提となると考える。」と述べ、その可能性に期待しつつ、法科大学院の発展ならびに法教育の進展を見る必要があるとしている。

しかし、法科大学院の学生にとっても、法教育に関わることは有益であり、他方、法教育にとっても法科大学院が関わることは意味のあることである。そろそろ今一歩検討を進めるべきである。

① **法科大学院・学生にとってのメリット**

(1) 教えることにより学ぶ

　学んだことを身につけるのに教えるという行為がいかに効果の大きいものであるかは、法の分野に限らずいえることだろう。教えてみて初めて内容が理解できたという瞬間を経験したことのある方も多いと思う。

　その意味で、法教育を担い、法について話をすると、法律を学びながらわかった気になっているところを気づかせてくれる良い機会である。

　法教育が細かな法的知識を問題とするのではなく、基本的な原理や価値を伝えようとするものであるので、法の基礎にあるそうしたものを意識することになり、法律実務家をめざす学生にとっても大事なことである。

　教えるという活動は、自分の考えていることを伝える、一緒に考える活動であり、法律実務家として必要な表現能力、説得能力、論理構成力などが養われることになる。

(2) 司法の国民的基盤の重要性を認識すること

　司法の国民的基盤を確立することは、社会のあり方として重要である。特に法律実務家はその基盤の上で活動するのであるから、そのために協力を行うべきである。法教育活動を担うことでこうした認識を深めることに役立つ。米国法曹協会は、ロースクールと並んで法教育の部局を設け積極的に活動しているが、国民的基盤の重要性を認識してのことである。

② **法教育にとってのメリット**

　法教育が全国的に実践されるためには、中学・高校等の教員がその役割を担う必要がある。そのためには、法教育について教員にその役割を理解してもらうことが必要となり、教員の実践を法律実務家がサポート

することも必要とされるところである。弁護士会でも現在こうした活動を全国的に進めようとしている。このサポート活動を法科大学院の学生にも担っていただければ、全国的な展開に弾みがつくことになろう。

　教員の方たちが、法教育に取り組むに当たっての困難の1つは、支援がはっきりと見えないことにある。将来的には、教員の方たちが法教育で扱う内容は、国民としての常識をまとめたものだといわれることになるものと思われるが（先年視察した際に米国の小学校の教員はこのように答えていた）、現段階では強力な支援・連携が必要である。

　さらに、米国の例を見てもわかるように、法教育が多様に発展するためには、法教育を担う多数の団体が活動することが望ましく、その意味で、法科大学院が活動の一翼を担うことは非常に重要な要素である。もちろん、法科大学院だけが担うということではなく、常に弁護士会等との連携が必要不可欠であろう。

■ 法科大学院学生の関わり方のアイデア

①　どういう形式で行うか

　生徒たちに年齢も近いので、接する上での障害は少ないと思われる。そのメリットを生かして欲しい。知識伝授型でなく、考えてもらう思考型で、意見を発表してもらい、議論してもらう参加型の形式が、生徒の深い理解に結びつくものと思われる。

　法教育での問いかけには、正解が1つしかないとは限らない。紛争の解決策はいろいろあり得る。そのメリット、デメリットを一緒に考え、悩ましさを共有することが大切だろう。

　現在の法制度も唯一絶対のものというわけではない。歴史的産物であり、環境、時代の中で変化しうるものである。生徒たちの考えることに耳を傾け、対話することが大事である。

②　出前授業

　学校に赴き、授業を教員と一緒に行うものである。最も一般的な形で

あろう。

　自分たちが伝えたいと思うことを伝えることを第1に考えて欲しい。自分たちが法について学んできたことの中から子どもたちに伝えたいと思うことを伝えて欲しい。法律家の世界では常識であることが普通の人には理解されていないことがあるだろう。たとえば私的自治の原則などはその好例ではないだろうか。

　自分たちもなぜと思っていたことを是非教材化して欲しい。アイデアに行き詰まったときには、公民教育センターの小学校教材を翻訳した、江口勇治監訳『わたしたちと法』（現代人文社）が参考となる。

③　法廷傍聴

　事件を選ぶ必要はあるが、中学生以上であれば、法廷を傍聴すること（ことに刑事裁判）は、非常に意味のあることだ。裁判手続や専門家の役割を知るといったこと以上に、社会が犯罪をいかに扱っているのかを知ることは大切なことだ。最近は生徒たちが法廷傍聴にくることも多くなっている。

　こうした生徒たちの法廷傍聴に法科大学院学生が付き添うという方策も考えられる。学生にとっても生の法廷を傍聴することなので勉強となるだろう。スウェーデンでは、中学校の先生が裁判所へ法廷傍聴に生徒たちを連れてきていた。わが国でも、生徒たちの法廷傍聴がもっと行われてもよいと考える。

④　模擬裁判

　法科大学院のカリキュラムで模擬裁判が行われているかは知らないが、生徒たちの模擬裁判を一緒に作り上げていくことも意味のあることではないかと思う。実務に触れていない学生だけで不安であれば、法律実務家が一緒に担うのであれば十分に行うことができるであろう。

　中学校であれば作られたシナリオを読む形で行うことがよいだろうが、高校であれば尋問事項を考えてもらう。さらに、冒頭陳述・論告・弁論を作ってもらうことも考えられよう。

小学生であれば、米国法曹協会が使っている童話を利用したシナリオ型の模擬裁判も有用であろう。子どもたちの自由な発想と学生の知恵が新たなものを生みだす可能性もある。

■ 終わりに――法科大学院に期待すること

法科大学院には、まだカリキュラムの柔軟性があるとは言い難い。特に実務家養成のカリキュラムは模索中というのが実際であろう。クリニックのあり方についても議論のあるところだ。司法試験という目指すべきものがあるだけに、それに直接関わらないものをどう扱うかは悩ましいところだ。しかし、前述したメリットを考え、そうしたなかで、本書で取り上げられている学生の自主的な活動として、法教育が始められていることは、貴重な試みであり、是非今後とも活動を広げて欲しい。

法教育も始まったばかりで、今後様々な試みが行われることになるだろう。法科大学院が是非この活動に関わってくれることを期待している。

学校と法教育
——東京大学法科大学院「出張教室」から学んだこと

吉田 俊弘（筑波大学附属駒場中高等学校教諭）

■ 教科書に登場する法

　学校における法教育は、これまで憲法を軸に進められてきた。読者の皆さんも、真っ先に憲法を思い出すのではないだろうか。しかし、高校の「政治・経済」の教科書を繙いてみると、登場する法は、実に多彩なのである。少し例示してみよう。

＜政治編＞
- 基本的人権分野——日本国憲法・刑法・犯罪被害者等基本法・生活保護法・労働基準法・労働組合法・教育基本法・個人情報保護法・国際人権規約・子どもの権利条約・女性差別撤廃条約など
- 平和主義——自衛隊法・テロ対策特別措置法・イラク復興支援特別措置法・日米安全保障条約・武力攻撃事態法など
- 政治分野——国会法・内閣法・情報公開法・情報公開条例・国家公務員法・裁判員法・地方自治法・住民投票条例・公職選挙法・政治資金規正法・政党助成法・国民投票法など

＜経済編＞
- 企業と市場機構——商法・独占禁止法など
- 金融と財政——日本銀行法・財政法など
- 中小企業・農業・消費者問題——中小企業基本法・新食糧法・新農業基本法・製造物責任法・消費者契約法・消費者基本法など
- 労働・社会保障分野——労働組合法・労働基準法・最低賃金法・男女雇用機会均等法・育児介護休業法・生活保護法・児童福祉法・老人福祉法・母子福祉法・健康保険法・国民健康保険法・厚

生年金保険法・老人保健法・国民年金法・雇用保険法・介護保険法など
●公害・環境——公害対策基本法・公害健康被害補償法・環境基本法・環境アセスメント法・容器包装リサイクル法・家電リサイクル法・食品リサイクル法など

■ 学校における法教育の難しさ

　ここに紹介したように、「政治・経済」の教科書は、法で埋め尽くされているといっても過言ではない。しかし、これだけたくさんの法が教科書に登場していることが、かえって法教育を困難にしているという面がないわけではない。なぜなら、教科書を法教育の観点からとらえ直してみると、決して系統的にはつくられておらず、法の扱い方は網羅的・断片的になっているからである。そのため、次のような問題が起こっている。

　第1は、教科書が、法の学習にとって系統的につくられていないため、「立憲主義」や「過失責任の原則」を学ぶ前に（あるいは学ばないまま）、「外見的立憲主義」や「無過失責任」を学んでしまうという問題が発生している。とくに、「政治・経済」をはじめとする公民系の学習では、民法の基本原則を正面から扱うことはないため、契約自由の原則や過失責任の原則など、市民法の基本原則を学習することなく、いきなり消費者保護→クーリングオフや無過失責任、公害対策→無過失責任という展開になりがちである。

　第2は、法と経済との関係が教科書において十分に意識されていない点が挙げられる。経済分野に社会法がたくさん登場しているのは、社会問題の解決に国家が積極的に乗り出していることを示しているのに、これらの法の学習が政治や経済の現実と切り離されたままそれぞれの単元ごとに断片的に教えられているという問題である。

　第3は、司法のしくみの学習が、司法権の独立と違憲審査制度などの

内容に特化してしまい、司法過程の学習がごっそり抜け落ちてしまうという問題である。紛争解決のプロセスの中で、裁判の当事者による主張と裁判官による判断の過程を理解し、法的思考力を育成できるような学習が組織されていく必要があると思うのである。

しかし、現場の教師が、このような課題を意識したとしても、実際に「政治・経済」教科書の体系を乗り越えて、法を系統的に教えるというのはきわめて難しいであろう。特に教師自身が法について系統的に学んでおらず、法の解釈や手続的思考に慣れ親しんでいないと、法教材の開発にも大変なエネルギーを要することは想像に難くないことである。

その点、先に示した第3の問題と関わって、法律家のタマゴである法科大学院生の皆さんの「出張教室」は、その斬新な教材と授業スタイルから、生徒はもちろん教師にとってもきわめて有意義であると思う。そして、授業者である法科大学院生の皆さんも日頃の研究の成果を学校という社会の中で実践することを通して新たな知見を得られているものと確信している。以下、過去4年間「出張教室」を受け入れ、考えてきたことを記してみたい。

■ 法科大学院生の「出張教室」のインパクト

① 「出張教室」の受け入れにあたって

かつて「出張教室」が企画された当時、学校現場での受け入れが必ずしもスムーズに行われなかったという話を伺ったことがある。年間カリキュラムなどの実践上の問題や学校管理の都合がその背景にあるようである。しかし、将来法曹として活躍する学生の皆さんが受験勉強に特化することなく、社会に向けてその知を還元し自らもまた教えることを通して法の意味を捉えなおしていくプロセスは貴重であり、新学習指導要領に法教育が規定された今こそ、東大のみならず多くの法科大学院と学校とが連携しつつ実践の場を築いていくことは必要ではないかと考える。

その点、私の勤務校である筑波大学附属駒場中高等学校は、他校に比

べ、学外からの講師を比較的受け入れやすい環境にあるようである。本校の場合、筑波大学の附属校であることから、年間を通して大学生・大学院生、教師、研究者が来校し、授業見学や研究授業が行われている。そのような環境にあるため、他大学の研究者や学生であっても、「出張教室」の意義があると認められれば、比較的容易に受け入れが可能となるからである。

　また、本校においては、中学3年生の3月の時点で、全員が東京地方裁判所の刑事裁判を傍聴する機会（裁判官の解説もお願いしている）を設けているほか、希望者には東京地方検察庁の見学（検察官の解説もお願いしている）を実施しているため、法科大学院の皆さんによる「出張教室」がカリキュラムの連続性からみても受け入れやすい面もある。

　出張教室の時期は、年間の授業計画が基本的に終了している3月中旬となるため、通常のカリキュラムとは異なる、いわゆる出前授業として2時間か4時間で完結してもらうように院生の皆さんには要請してきた。出前授業であることから、生徒の参加は原則自由とした。公民分野を学んだばかりの中学3年生を対象としたときは、全体の6分の5にあたる100名が参加した。「政治・経済」を学んだ高校2年生は、将来の進路研究も兼ねて法に関心のある生徒と法学部への進学を希望する生徒を中心に、30名から40名が参加して、いずれも活発に議論に参加できたように思う。

② 「出張教室」の法教材について

　法に関する授業は、中学では公民分野、高校では「政治・経済」で一定程度行われているので、法の基本原則を説明するだけではなく、教材はできるだけ具体的かつ高度な（基本原則の応用編となるような）内容を用いて、生徒参加型の授業をしていただくように依頼した。もちろん、その前提として、法教材の作成は院生の皆さんの自由な取り組みにまかせ、個別の質問にはメールなどで対応するように心がけた。

　その結果、次に紹介するように、実に意欲的な法教材が誕生した。

> 2005年　高校2年生対象（全4時間）
> 　　1時限　刑事手続の基本原則
> 　　2時限　「人」に関する証拠－自白法則・伝聞法則
> 　　3時限　正当防衛は成立するか
> 　　4時限　死刑制度を考える
> 2006年　中学3年生対象（全4時間）
> 　　1～2時限　契約の成立――売買とは何か
> 　　3～4時限　殺人罪の成立をめぐって・民事と刑事のクロスオーバー
> 2007年　高校2年生対象（全2時間）
> 　　1～2時限　民事裁判と刑事裁判における被害者救済のあり方――インターネット書き込み事例をもとに
> 2008年　高校2年生対象（全2時間）
> 　　1～2時限　助けなかった母は有罪か――不作為犯と共犯

　2005年は、刑事手続の基本原則について学んだあと、その理念が具体的にどのように現れるか、個別具体的な事例をもとに検討した。死刑制度については、何のための制度か、刑罰として有効なのかなど、死刑制度の是非をめぐって院生と生徒との問答法のようなスタイルで進行した。死刑肯定論・廃止論のそれぞれの根拠を問い詰めながら、緊張感のある授業が全4時間行われた。

　2006年は、中学生の多くが参加したこともあり、契約はいつ成立するのか、自動販売機の場合はどうかなど、契約の成立の要件を問いながら、本事例にあてはまるかどうか、検討した。刑事については、ウルトラマンがジャミラを殺害するという事例を取り上げ、殺人罪の構成要件に該当するかどうか、また、正当防衛は成り立つのかどうかを検討した。法の解釈の醍醐味を味わってもらおうという教材作成者の思いが伝わってきた。いずれの事例も、映像やパワーポイントを用いるほか、学習者用

のワークシートも丁寧に作られていた。

　2007年は、高校生を対象にして行われた事例研究であった。インターネットへの書き込みが名誉毀損罪を成立させるか、また、同行為が不法行為として民事上の責任が認められるかが焦点となった。事例を通して、事実をどのように認定するか、処罰や賠償責任の成否を問うかを、詳しく丁寧に分析していた。昨年に引き続き、映像とパワーポイントを利用し、ワークシートの作り方も洗練されてきた。

　2008年度も、高校生対象。1年間本校の選択ゼミで法を学んできた生徒が参加したこともあり、児童虐待事件における傍観者の責任というひとひねり加えた事例が教材として用いられた。道義的な責任と法的な責任の違いに留意させながら、続いて法的な責任を分析的に考え、最後にグループをつくってディスカッションを行うという展開。10分ほどの話し合いの後、有罪側と無罪側とで互いの意見を闘わせ、最後にグループごとにスピーチを行った。そのスピーチの内容により賞をあげるなどの工夫もみられた。パワーポイントを利用し、ディスカッションしやすい雰囲気を整えていくことで議論は大いに盛り上がった。この授業の模様は第4章に収録されている。

③　学校で「出張教室」を行う意義と課題

　2005年の「教室」は、基本原則からその応用まで刑事手続の内容を無理なく学ぶことができるような配慮がなされた。2006年からは、具体的な事例をもとに民事や刑事にかかわる法的問題を議論しながら理解できるように進められていた。このような点こそ、学校現場が望んでいる法教育ではないかと思われた。なぜなら、学校現場の教師は、刑事手続に関する基本原則を頭で理解したつもりでいても、具体的なケースに落として、そこから基本理念に立ち返るような訓練はできていないからである。また、具体的なケースを教材用に使おうと、市販の「判例百選」などを購入し教材研究に取り組んでも、事例が抽象的すぎてわかりにくいのに加え、解説もA説・B説などと並列的に並べられるだけで、独学で

はとても太刀打ちできないものになっていたからである。

　学校で使えるようなオリジナル教材をもっと作り出せないか、あるいは実際の判例を使う場合にも、学校用にもっと使いやすくできないかと考えていたときに、法科大学院生の学識に裏付けられた意欲的な教材や教育方法は、きわめて有効であり、現場においても実践可能なものになっているように思ったのである。

　たとえば、2006年の殺人罪の成立に関わる問題のワークシートは、中学生でもできるように、殺人罪の構成要件を具体的に分析する手がかりや考えるポイントをわかりやすく示していた。このワークシートでは、「人」とは何か、「殺した」とは何かを考えさせるにあたり、行為・結果・因果関係・殺意といった観点別に、①ジャミラは「人」か？　②ウルトラマンが行った行為は人を死亡させる危険のある行為か？　③ジャミラにどういう結果が生じたか？　④「行為」によって「結果」が生じたといえるか？　⑤ウルトラマンに「殺意」はあったか？　と分析していく。このような学習を通して、事実を認定し、法を適用することの意味を考えることができるようになるのである。

　このように、実際に司法過程で行われる法的思考の一端がワークシートの中に具体化したことにより、法教育の1つの"かたち"が見えてきたように思う。私自身、このようなすばらしい法教材を作ってくださった院生の皆さんに感謝しつつも、大いに刺激を受け、「出張教室」で学んだことを活かして新しい法教材の作成に取り組みたいと思ったのはいうまでもない。

　さて、最後に、本書第4章に収録されている「児童虐待　助けなかった母親は有罪か？」について触れておこう。この授業は、2008年3月に本校で行われた実践である。

　院生の皆さんは、授業づくりにあたり、「〈法律的に考える〉とはどういうことだろうか」と自身に問いかけることから教材作成をスタートさせたそうである。初めて法律に触れる子どもたちを念頭に置いたとき、

ふだん院生が取り組んでいる〈学説の比較検討〉のような作業を教室の中で再現しても本当の意味で法律の奥深さや面白さを知ってもらうことにはならないからである。そこで、彼らは、「何が法律的な考え方か」を手探りで議論していくうちに、「様々な価値に重みづけをして比較することが法律的な考え方の一つではないか」と気づくようになったのである。院生の皆さんは、このように「法律的な考え方」をとらえ直した上で、教材づくりに取り組み、いくつかのステップを踏みながら法的な議論のステージを生徒の前に用意してくださったのだ。したがって、本番の授業では、生徒は、詳細な事情が示された事案を読み解き、自分の頭で考え、自分で言葉にしていくことの意義を大いに実感したのではないかと思う。

　このような学習経験は、生徒にとって大変貴重であったと思われる。ある生徒は、「面白かった。考え方はもちろんだが、自分の考えをはっきりと他人に伝えることが大切だと思った」と述べている。法教育の醍醐味はここにあり、このようなことを実感させる授業がなされたことに大きな意義があるというべきであろう。

　さて、このような意義深い「出張教室」ではあるが、今後の発展の方向を含め、1つだけ意見を申し上げたい。それは、2005年以降の取り組みの中で「出張教室」が開催されたのは、法科大学院院生の母校を含む「進学校」に多いらしいことである。本校は、「出張教室」の恩恵に浴している数少ない学校の1つであり、今後とも継続して指導をお願いしたいと考えているのであるが、今後はもう少し幅広い教育環境の中で取り組んでおられる学校にも訪問し、授業を行っていただきたいと思う。私自身、かつて定時制高校に勤務していたことがあり、そこで学ぶ生徒にとってもこのような法教育の意義があると感じるからである。さらにはさまざま学校や子どもたちに触れることが、おそらく院生の皆さんの社会に対する視野を広げていく上で有用であると思うからである。最後に、余計なことを申し上げてしまったが、法科大学院の皆さんの真摯な取り組みが今後も継続・発展していかれることを心から願う次第である。

●●● 「出張教室」の始まり

竹下　慶（静岡地方裁判所判事補）

■ 序　論

① はじめに

　本テーマである「出張教室」は、平成17年3月、東京大学法科大学院既修コースの第1期生によって最初に行われました。私は、その企画の責任者をしておりましたことから、僭越ながらこの場をお借りして当時の企画の様子について述べさせていただきます。なお、この先の記述は私の記憶と主観に基づくものであることをご容赦ください。

② 当時の法科大学院の様子

　「出張教室」企画の始まりについて法科大学院における生活を抜きに語ることはできませんので、まずは、私が法科大学院に入学した平成16年4月から「出張教室」の始まった平成17年春頃までの東京大学法科大学院の様子について触れさせていただきます。

　私が法科大学院に入学した当時、法科大学院制度は始まったばかりであり、教授陣も学生も試行錯誤しながら一生懸命前に進んでいました。既修コースの1年目は必修科目が多く、多くの学生が、授業の予習や課題に追われながら毎日遅くまで勉強していました。最初の夏学期には、民事訴訟法や刑事訴訟法等の実定法科目、判例の読み方を学ぶ科目、契約書等の法律文書の起案の仕方を学ぶ科目等があり、次の冬学期には、実務家教員が担当する、民事裁判および刑事裁判についての実務を学ぶ必修科目や、租税法や倒産法等の基本的な法律から一歩進んだ選択必修科目等がありました。どの授業においても、課題をこなし次の授業の予習をするために読むべき裁判例や論文等がたくさんあり、毎日が忙しか

ったように記憶しています。

　このように、学生は学業に対し真摯に取り組み、忙しい毎日を送っておりましたが、他方、スポーツ等のレクリエーション活動もかなり盛んであったように思います。私が知る限りでも、テニス、バドミントン、フットサル等各種のスポーツサークルがあったり、映画の上映会が行われたり、クラス対抗のサッカー大会が行われたりしていました。

③ 「出張教室」が始まったきっかけ

　さて、「出張教室」が始まったのは、入学してから2つ目の学期である冬学期の定期試験が終わった直後からでした。きっかけは、私が、学部生時代に受講していたゼミの講師の先生から、法科大学院生に法律の授業をしてもらいたいという高校の先生がいらっしゃるという話を伺ったことでした。大学院生が高校生に法律の授業をするという新たな試みに関心を抱き、友人達に話をしてみたところ、思いの外すぐに20人ほど参加者が集まり、学生達が任意に企画を始めることにしたのです。

　この先、当時の「出張教室」の様子を書くにあたりまず、我々がどんな思いで企画を始めたのかということから述べさせていただきたいと思います。

■ 企画への思い

① 法律の難解さ

　企画への思いなどというタイトルをつけてしまいましたが、実際は参加した学生の思いはまちまちであったと思いますので、私が企画を始めるにあたり思っていたことを書かせていただきます。

　私は、法科大学院生として法律を学びながら、法律はずいぶんと難しく、馴染むのに時間のかかるものであると感じておりました。

　これは、実務家になる前の学生であったからこそ特に感じられたことだと思います。誰しも、最初は馴染みにくい分野であると感じていても、まがりなりにも毎日法律と顔を向き合わせているうちに、法的に物事を

考えることがさも当たり前のことのように思うようになり、実務家になってしばらくすれば法律が遠い存在であったころの感覚を思い出すのは難しいのではないかと思います。

② **法律と日常生活**

そのように容易に馴染むことができない法律も、実は、我々の日常生活の至るところで密接な関わりを持っているのです。

たとえば、スーパーで買い物をしたり、電車に乗ったり、映画を見たり、レストランで食事をしたりすることを取り上げてみても、どうして客がお金を払わなければならず、店が商品やサービスを提供しなければならないかについて法律によって説明することができるのです。もちろん、買い物をしたり電車に乗ったりするために法律のことを考える必要は通常ありません。

しかしながら、同じ買い物でも、たとえば家を買うような場合には、買った後に欠陥住宅であることがわかったらどうなるのか、家の購入資金を銀行から借り入れた場合将来返せなくなったらどうなるのか等につき疑問に思うこともあるのではないでしょうか。そのような疑問の答えを探すためには、普段法律とは無縁に暮らしている人でも法律と向き合わざるを得なくなります。

他にも、就職し、社会人として現場において仕事をしていく中で、また、結婚し、家庭生活を営む中で、法律によって規律されている事柄はたくさんあります。そして、解雇や離婚のような不測の事態が生じたときに、そのことが意識されるのです。

③ **高校生のときに知っておく意味**

このように、生きていく中である日突然直面する可能性のある法律について、私は、法学部の学生として大学で授業を受けるまで学んだことはありませんでした。もし、法律に携わる仕事に就こうと思わなければ、一生法律についての授業を受けることはなかったかもしれません。

私は、法律の授業をして欲しいという高校の先生がいらっしゃるとい

う話を耳にしたときに、自分が高校生のときに法律についてわかりやすく説明してもらえる機会があったのならば、非常に有益であっただろうと思いました。

　それも、法律の本格的な難しい話ではなく、生きていく中で法律の問題はどういうときに生じることが多いのか、もしそのような問題に直面してしまったら誰にどうやって相談すればよいのか、仮に裁判になってしまったらどれくらいの時間やお金がかかるのか、法律について自分で少し調べてみたいと思った場合どのように調べればよいのか、民法や刑法というものは大雑把にいうとどのようなもので、どのような考え方に基づいて成り立っているのか等について話を聞く機会があれば、必ず人生の中で役に立つことがあるであろうと思いました。

　高校生のときに、人の体の仕組みや体の健康について学ぶ機会はあると思います。健康に関する事柄は、専門的には医学の分野に属し、理解するためには難しい知識が必要になるのでしょうけれども、高校においても、保健体育のような授業において基本的なことについての説明がなされていると思います。

　高校生のときに、体の健康についての授業があることは、健康を害する前に健康のことをよく知っておき、自分の健康をうまく維持できるようにという配慮に基づいているのではないかと思います。

　この健康に関する事柄と法律に関する事柄には似通っている点が多いと思います。自分自身が意識していなくても、毎日の生活、そして人生の節目において否応なしに関わりがあり、問題が生じたときに初めて意識されるという意味においては、健康の事柄も法律の事柄も共通しているのではないでしょうか。ですから、保健体育の授業と同じように、法律に関しても基本的なことについての授業があってもよいのではないでしょうか。

■ 我々の行った授業

① 法律に興味を持つきっかけ

そこで問題になるのが、高校生に法律についての授業をするとして何を教えればよいのかということです。我々が企画を行ったときには、100分程度の授業を1回行うことを前提にしていました。ですから、1つの学期を通じて週に1回の授業を行うような場合に教えられる内容を講義することはできません。そこで、高校生に法律について興味を持ってもらうきっかけとなる授業を考えることにしました。

また、裁判というと刑事裁判を思い浮かべる生徒が多いであろうことや、近い将来裁判員制度が始まることが決まっていたため刑事裁判の方が話題性があるであろうことから、刑事法を扱った方が高校生に法律をより身近に感じてもらえるであろうと考え、分野を刑事法に限定して授業を行うことにしました。

② 授業の内容

授業の具体的な内容については、現在の「出張教室」の様子についての記述の中で詳しく述べられていると思いますので、ここでは、私が行った授業について簡単に述べさせていただきます。

まず、高校生に、これからは誰でも裁判に関わる可能性があるということを伝え、法律の事柄を自分のこととして感じてもらうために、裁判員制度についての簡単な説明をしました。

それから、刑法の基本的な考え方を簡単に説明した上で、寸劇を取り入れながら具体的な事例を提示し、高校生に、どのような罪が成立するのかを考えてもらいました。

例を挙げますと、刑法に罪になると書かれていることを行った場合にのみ犯罪が成立するという、刑法の基本的な考え方の説明をした上で、偽の硬貨を使って自動販売機の中の缶ジュースを取得した場合に、缶ジュースを取得したことについて何罪が成立するかという問題を出し、高

校生に、あらかじめ配布してあった刑法の窃盗罪と詐欺罪の条文が記載されているプリントを読んでもらい、事例に法律を適用すると何罪が成立するのかを考えてもらいました。高校生からは、詐欺罪になるという意見が出たり、自動販売機は人ではないから人を欺いたとはいえないため詐欺罪にはならず、窃盗罪になるという意見が出たりし、法律家顔負けの活発な議論が交わされたことが印象に残っています。

■ 大学院生にとっての「出張教室」
① 法律の素養のない人に法律の話をすること
　我々の行った「出張教室」が少しでも高校生の役に立ったことを願っておりますが、「出張教室」は、大学院生にとっても学ぶことの多い経験となりました。

　大学院においても、法律の議論をしたりレポートを書いたりする中で、法律のことについて相手に何かを伝えようとする機会はありますが、その場合、相手方は常に法律の素養のある人であり、法律を学んだことのない人に対し法律に関する話をする機会はまずありません。

　しかしながら、法的な問題を抱えている人達は法律の知識を持ち合わせていないことが多く、法科大学院を卒業し、弁護士、検察官、裁判官等の実務家になれば、そのような当事者の問題を解決するために、法律についてわかりやすく説明することを求められることがあります。

　高校生に対し法律の授業をするということは、法律の知識のない人に法律をわかりやすく説明するという、実務家になる上で欠かせない力を養う貴重な機会であると思います。

② 学んだことを役立てる喜び
　法律家になるためには学ばなければならないことが多く、法科大学院においては、少なくとも2年から3年の間勉強中心の生活を過ごさなければなりません。学ぶ過程においては、ときに法律が無味乾燥なものであると感じ、砂を噛むような思いをすることもあります。

そのようなときに、自分の学んだ知識が直接誰かの役に立っていると感じられることは、さらに勉強に励む強い動機づけになります。実務家であれば、常に事件の当事者を相手に仕事をしているため、法律について調べたり考えたりする過程を無味乾燥であると感じることはなく、やりがいを感じられると思います。しかしながら、学生の場合はどうしても机の上の勉強が中心になりますので、自分の知識を直接誰かの役に立てるという経験をすることは非常に意味があると思います。

■「出張教室」の意味と未来

① 教室の外で法律を使うこと

法科大学院における生活の中で一番大事なことは、基本的な法律についての理解を深め、どのように法律の条文や判例を適用し説得的に議論をするかを学ぶことであると思います。

ただ、基礎的な勉強をしっかりとした上で、たとえば学期と学期の間の休みを利用して学んだことを教室の外で活用できるような機会を持つことは、さらに勉強に励むために、また視野の広い実務家になるために有益なことではないかと思います。

「出張教室」は、法律事務所が提供しているエクスターンシッププログラム等と並び法科大学院での学習をより有意義なものとするのではないでしょうか。

②「出張教室」の未来

「出張教室」が今後どのように行われていくかは、これから法科大学院の学生になる人達が決めていくことであり、私がとやかく言うことではないことは承知しておりますが、この際ですので一言述べさせていただきます。

「出張教室」は、始まってからまだ4～5年しか経っていないにもかかわらず、授業の内容として刑事法のみならず民事法も扱うようになり、東京近郊以外の学校でも行われるようになり、このような特集まで組ん

でいただけることとなり、企画の始まりに携わった者の1人として正直驚いています。

　私は、今後も「出張教室」が、どういう形であれ東京大学法科大学院において続いていくことを期待しています。新しい法曹養成制度は始まったばかりで、様々なことが流動的であり、学生は、無事に法曹になれるかということも含め、いろいろな不安を抱えていることかと思います。ただ、そのような状況の中にあっても、春休みの数週間を使って高校生に法律を教えに行くという機会に積極的に関わる心のゆとりや温かさと視野の広さを、これからの法科大学院生が持ち続けていけることを願っております。

第2編
事例集

序章

本編の構成と概略

塩川 泰子(東京大学法科大学院「出張教室」出版企画委員長)

■ ごあいさつ

　私たちは、アメリカのロースクール生が行っているストリート・ローという活動にヒントを得て、中高生を対象に法律に関する授業を行う東京大学法科大学院の有志団体です。

　活動は班に分かれて行っており、それぞれ実施校の希望を聞きながら授業を決めていきます。そのため、正規の授業として行われる場合もあれば課外授業として行われる場合もあり、対象生徒・授業時間は様々です。また、各班が別個に授業を考えていくので、授業で扱う題材や内容も様々なものがあります。

　しかし、振り返ってみると、私たちの授業は互いの授業を知らずに取り組んでいたにもかかわらず、同様の問題意識に基づいて授業を考えてきたことに気づきました。それは、法律知識を教えることを目的とするのではなく、法律を通じて「それ以上の何か」を感じ取ってほしい、というものでした。

　「それ以上の何か」の表現方法は各班で様々ですが、法律の役割や司法の役割を考えることで、社会で起こっている事柄を自ら考える力を育んでほしいという願いが根底にあったことは共通していたと思います。

　おりしも、法教育が学習指導要領において強化されようとしており、私たちの挑戦を通じて「法教育とは何か」を考える一助にしていただければ幸いです。

　各章は、それぞれが1つの班の実践記録となっています。前にも述べたように、授業の形態は様々であることから、各章の冒頭で実施校、授

業形式、扱った主な事例等実施概要を記載しています。

■ 各章の特徴

　一言で「法律」といっても、その分野は広大です。私たちが日常取り決めをするルールも広い意味では法と同じ機能を営みますし、制定法の中でも市民間のトラブルを規律するための私法分野と国家などの公権力と一般市民との関係を定める公法分野があります。

　以下では、多岐にわたる各班の授業の特徴を紹介します。各班の授業を収録した第2編の各章を読む際の指標としてご利用ください。

① **憲法**

　憲法というのは、主に、国民の人権を認め、公権力の行使に歯止めをかける役割を果たしている法で、公権力と一般市民との関係を定めるものです。

　第1章では、公立高校の生徒が企画した文化祭企画を学校長が禁止するという事例を題材に、公立高校の学校長という公権力の一種と生徒の表現の自由という人権の関係を扱っています。生徒にとっては身近、学校にとってはセンシティブな側面があるかと思いますが、法教育は、素材を提供して生徒に考えさせることを主眼としていますので、授業はどちらか一方の視点に与するものではありません。

② **刑法**

　刑法は、どういう行為を処罰対象とするかを定めた法律です。よく誤解される点ですが、民事上の損害賠償と異なり、国が国民を処罰する場面ですので、公権力と一般市民の関係を定めた公法の一種です。裁判員制度が導入されるということから、学校側の要望も多く、この分野での実施が最も多くなされてきました。

　第2章は、「本当は襲われていたわけではないのに、女性が男性に襲われていると勘違いをして助けに入ったところ相手の男性をケガさせてしまった」という事例を題材に、処罰するとはどういうことなのかを考え

てもらう授業です。この授業では、刑法が、人を処罰することによって国民の身体などを守るという意義を有していると同時に、処罰範囲を限定する意義も有していることを感じてもらおうとしています。そして、こういった視点は、刑法を扱う以下の2章でも根底に流れています。

第3章は、「駅構内で男性から絡まれた女性が、相手を振り払うために相手を突き飛ばしたところ、相手はプラットホームから転落し、死亡した」という事例を題材に、正当防衛の成否を考えさせます。第2章では正当防衛の厳密な範囲を問題にはしていないのに対し、この授業では、正当防衛が厳密にはどこまで認められるものなのかという問題を正面から扱っています。正当防衛は、よく知られた法律概念であり題材として人気がありますが、よく知られた法律概念だからこそ、この授業では、条文を用い、厳密な判断を体験してもらおうとしている点が特徴的です。

第4章は、児童虐待を傍観していたところ、子どもが死亡してしまったという場合に傍観者も処罰すべきかという問題を扱っています。この授業では、心情的には許しがたくとも処罰までしてよいのかという問題提起をしています。そして、刑罰を課すことの重大性を思いおこしてもらい、道義的責任と法律上の責任にはずれがありうるということと、どこでその調和を図るかということを考えさせています。

③ 刑事裁判

刑法同様、裁判員制度導入を視野に入れてほしいという要望にこたえるため、この分野の実施例も多く存在します。どういう行為を処罰対象とするかを考える刑法の授業とは異なり、裁判の際に問題となる点を扱った授業を集めました。

第5章は、刑事裁判において、証拠が不完全な場合にどう判断するべきかという問題を扱っています。事件の真相が明らかになれば、第2章から第4章のように刑法に照らして処罰範囲内かどうかを考えることができますが、人間の行う捜査には限界があるので、本当のことが完全にはわからない場合への備えも必要です。こうした場合にどんな判断基準

を使うのがふさわしいのかという問題を考えさせています。

第6章は、刑事事件における事実認定に焦点をあてています。この授業は、裁判員制度導入を意識し、実際に裁判員となったら直面するであろう事実認定の難しさを体験してもらおうというものです。模擬裁判形式で授業を行っており、実際の裁判手続を最も忠実に再現しているのがこの授業です。

④　民法

民法は、一般市民間のトラブルを規律するための法律で、私法分野に属します。

第7章は、インターネット上の名誉毀損を題材に、名誉権と表現の自由が衝突した場合にどのように解決するべきかという問題を扱っています。名誉権も表現の自由も憲法上の人権ではありますが、「インターネット上の書込みで名誉を毀損されたとする人がその書込みをした人に損害賠償請求ができるか」という一般市民間のトラブルとしての切り口から授業を行っているので、民法の問題と分類しました。なお、損害賠償請求は、国が国民に科す刑事罰とは異なり、あくまで一般市民間で損害の補償を求める場面の問題です。

第8章は、隣人に子どもを預かってもらっていた間に子どもが死亡してしまったという隣人間のトラブルが訴訟にまで発展した事件を題材にしています。前半は、法律問題として、預かった隣人はどこまでの法律上の義務を負っていたのかという問題を扱い、後半は、法社会学的観点から、訴訟が社会に与えた影響にも触れています。訴訟のネガティブな面まで正面から採りあげている点がこの授業の特徴です。

⑤　ルール作り

第9章は地域のルール作りを扱っており、制定法には触れていません。しかし、法教育は法律知識を教えることを目的とするものではなく、社会で起こっている事柄を自ら考える力を育むことをねらいとしています。最も身近な法であるルールの作り方を改めて考えてみることで、法とい

うものを自ら考えるきっかけを作ろうという意図の授業であり、これも法教育の一種といえます。

⑥　全体を通じて

各章は、❶授業に向けて、❷授業の模様、❸授業を終えて、❹解説、から成ります。❶では、題材選びと授業づくりにおいて考えたことを記しています。そして❷❸で、授業例と授業後に考えたことを、❹では法的観点からの解説を記しています。

各章の授業は、中高生に向けられたものであり、平易な言葉を使うように心がけています。その結果、厳密さを欠くように受け取られる虞のある表現もあることをあらかじめご理解いただきたいと思います。

私たちは、教育の専門家ではなく、まだ法律家でもない大学院生であり、情熱を傾けたのは確かですが、授業が不完全であることも否めません。また、出版にあたって気づいたこともたくさんあり、実際の授業ではもっと伝わりづらかった点もあるかと思います。

しかし、不完全な授業を提供されても、生徒たち自身は潜在的に考える力をもっており、それに助けられて授業が消化されていく様は、まさに「自ら考える力」を育むという法教育の目的を体現しているかのようでした。

こういった授業は、先生方のご理解とご協力なしにはあり得ません。この場を借りて、出張教室開催にご尽力くださった各校の先生方に改めて御礼申し上げます。

第1章

校長先生、この企画やれないの？ どうして？

実施校	県立弘前高等学校 高校1、2年生の希望者　計32名　90分
授業形式	ディスカッション40%・説明60%
主な事例	公立高等学校の高校生が、文化祭において、自主発表として次の企画を実施しようとしたところ、校長先生に止められてしまった。 ア）担任の先生に恋人ができたことを知り、スクープとして、写真を交えて暴露しようとした企画 イ）生徒が殺し合いを演ずる暴力的な映画を上映しようとした企画 ウ）日本も核武装すべきだと主張しようとした企画

1 授業に向けて

題材	表現の自由とその限界
ねらい	事例を通じ、憲法という法規範の意味を理解してもらう。問題となりそうな条文の発見、条文の解釈、事例に対するあてはめ、という法律学の基本的手法を実際に体験させることで、法律学がどういうことを行う学問なのかを理解してもらう。

（1）題材選び

題材を選ぶための初回のミーティングでは、「憲法」を扱おうということで、班員の意見はすんなりと一致しました。それには次の3つの理由がありました。

1つ目は、高校までの段階でも、憲法については社会科で勉強する機会があり、生徒も一応の知識はあるだろうということです。限られた時間の中で、全く新しい条文を生徒に読んでもらうよりも、ごく身近で見たことのある条文を用いた方が取り組みやすいのではないかと考えました。

2つ目は、1つ目の理由と関連しますが、高校までで勉強する憲法は、人権の分類や制度の内容を暗記するだけの無味乾燥なもので「法学部は六法を暗記する所だ」という誤解が生じやすいため、その誤解をときたいということです。実際に私たちも法学部に進学する前は、同じような誤解を抱いていました。そこで、今まで暗記するだけだった条文が、実際の事例でどういう風に適用されるのかを体験してもらうことで、法律学に対するイメージが変わるきっかけになればと思いました。

3つ目は、素朴な感情として、憲法という法規範がなぜ存在するのかということを、しっかり理解してもらいたかったということです。法学部に進学しない生徒の中には、憲法の意義を学ぶ機会がないまま大学を卒業してしまう人もいます。出張教室をきっかけに、憲法の意義を知り、近時話題になっている憲法改正論議などについて、それぞれが考えを深める手がかりになればと思いました。

事例については、できるだけ身近なものを、というコンセプトで考えました。生活の中に、ごく普通に憲法問題が含まれているということを知ってもらうためです。

そこで参考にしたのが、旧司法試験の憲法の過去問で扱われた事例でした。その事例は、公立高校の高校生が文化祭の研究発表でキリスト教に関係する発表を行おうとしたところ、校長先生が政教分離を理由に発

表を認めなかったという事例です。こういう問題なら、生徒が身近な問題として引き付けて考えてくれそうだと思いました。そして、このような事例は、主に「表現の自由」が問題になりますが、表現の自由は人権の中でも重要な地位を占めるものであり、その重要性を伝えることのできる点でも、事例として最適だと思いました。

かくして、「公立高校の生徒が、文化祭で自主発表として行おうとした企画が、校長先生に止められてしまった」という事例にしようという基本的な骨組みが決まりました。

(2) 授業づくり

基本的骨組みは決まりましたが、具体的な事例を設定する作業は難航しました。まず、上記の過去問は表現の自由に政教分離がからんできて複雑なので、シンプルなものにする必要があります。

私たちは、①人々がいろんな意見を言うことによって、考えを深めることができるという、表現の自由の基本的な視点と、②表現の自由と言っても他者の自由や権利と衝突する場合には制約されることも当然ありうるという、公共の福祉の基本的な視点という2つの視点を伝えたいと思っていました。そこで、(1) 他者の人権を害して当然許されない企画、(2) 生徒の意見主張として、許される範囲内の企画、(3) 許されるか許されないか微妙な企画の3つの事例を用意し、相互に比較して考えてもらうことで、上記の二点を理解してもらおうと考えました。

まず、「この企画は当然ダメだろう」という事例として、先生の私生活を暴くような発表をする事例はすぐ決まりました。これは、「表現の自由対プライバシー権」の衝突の場面です。

しかし、「許される範囲内だろう」という事例と許されるか否か微妙な事例はなかなか決まりませんでした。前者については、明らかに許されそうな事例にしてしまうと校長先生が止める理由がなく事例に現実味を欠くことになるし、後者については私たちが微妙な事例を設定したつ

もりでも生徒の反応は予想しきれないからです。最終的に、前者として「日本も核武装すべきだと主張する企画」、後者として「暴力的な映画を上映する企画」にしようということになりましたが、この2つの事例について、実際に生徒の意見がどういう分布を示すかは分かりませんでした。もちろんどちらの結論が絶対正しいということはありませんから、この点については、生徒の反応によって柔軟に対応できるように準備を整えました。

　授業の進め方としては、生徒に作業をしてもらう時間、ディスカッションしてもらう時間を説明の合間に多く挟み、飽きさせない工夫をしました。

　ディスカッションの構成として、授業の最初には、禁止されても仕方ない企画はどれか、直感的に話し合ってもらい、授業の最後には、私たちの説明を聞いて、もう一度事例についてディスカッションしてもらうという構成をとりました。これは、授業の最初と最後で、事例に対する見方がどのように変わったか、生徒1人ひとりに実感してもらいたかったからです。

　授業の途中では、この事例で憲法のどの条文が問題になるのかを、実際の条文のコピーを配って探してもらうという時間を取り入れました。生徒にとっては初めての経験だと思うので、興味を持って取り組んでもらえると思ったからです。ただ、憲法の条文は103条もありますし、1つひとつ丁寧に読むと膨大な時間が必要になり、生徒も疲れてしまうでしょう。憲法の中で人権について規定しているのは、11条から40条までなので「11条から40条の中で、条文の見出しだけ読んでいって考えてください」という限定を付けることにしました。

　私たちの基本的な姿勢として、正解は無いので自由に考えて自由に意見を出してもらうということを大事にしたいと思っていました。条文を探してもらう際も、表現の自由（21条）だけでなく、思想・良心の自由（19条）、基本的人権の尊重（13条）などを挙げてくることが当然予想さ

れますが、否定しないで尊重しつつ、うまく表現の自由の話にもっていけるように、シミュレーションを繰り返しました。ディスカッションについても同様です。最後には私たちの方から事例について一応の解説をすることになりますが、正解を教えるというよりは、「表現の自由とプライバシー権のどちらが重要と考えるか」とか、「いろんな意見を発表させた方が、みんなで議論できることになるのではないか」とか、「高校は教育の場であることをどう考えるか」というように、考える際の視点を理解してもらうことに重点を置きました。

2 授業の模様

(1) 自己紹介・導入
(2) 事案の説明、生徒の第一印象
(3) 憲法とは？　表現の自由とは？
(4) 個々の事案の検討――「表現の自由」は絶対か？
(5) まとめ

(1) 自己紹介・導入

　まず、高校生には、ロースクールというところがどういうところかもイメージしにくいだろうと考え、ロースクールの紹介を交えた自己紹介を行いました。
　次に、憲法についての事案を一緒に考えていく前提として、
　◇ 法律を学ぶとはどういうことか？
　◇ 憲法とは何なのか？　法律とはどういう関係にあるのか？
の2点について簡単に私たちからレクチャーしました。
◇法律を学ぶとはどういうことか？
　私たちの経験から言って、たとえば法学部を目指している高校生の中

でも、法律を学ぶとはどういうことなのか、正しいイメージを持っている人はそれほど多くはないと思います。授業を行った当時放送されていたあるドラマでは、司法試験合格を目指す主人公が、両手に大きな六法全書を持ち、歩きながらそれを必死に読むというシーンが流れていました。このシーンに象徴されるように、法律を学ぶということが、六法全書を丸暗記することであるかのように思われていることもしばしばです。

そこで、まず、法律を学ぶということは、丸暗記することとは違うのだということを伝えたいと思い、法律を学ぶということは、

① 法律のねらい・目的を理解すること
② 社会のいろいろな場面に、法律についての問題があることをつかむこと
③ 法律を適用して、それらの問題を解決する

ということだと、「公園には『車両』の進入を禁止する」という法律があったという例を使いながら、説明しました。この例では、たとえば、①については、この法律の目的が、公園で遊ぶ子どもの安全を守ることなのか、公園の芝生が傷つくのを防ぐことなのかなどを考えます。次に、②については、公園に入ってくる『車両』にあたりうるものとして、たとえば、自動車、乳母車、牛、などいろいろなものを想定します。そして、③については、法律のねらい、目的からして、この法律によって公園への侵入が禁止される『車両』とはいったいどの範囲のものかを考える、ということになります。これが法律を学ぶということの1つのあり方であって、その法律に何が書かれてあるかを暗記する必要はないし、それを暗記していただけでは何の意味もない、と説明しました。

◇**憲法とは何なのか？　法律とはどういう関係にあるのか？**

さらに、事案として扱ったのが憲法の事案であったため、まず、憲法と法律の関係について触れました。憲法は、民法や刑法などの法律よりも上位に位置するものであり、憲法98条にも書いているように、どの法律の内容も憲法に反してはならない、とされていることを説明しました。

そして、なぜ憲法がそのような位置にあるかというと、それは、法律は国民を代表する国会議員の多数決で決まるが、それによって1人ひとりが持つかけがえのない権利を侵されるかもしれない、だから、その権利を守るために憲法が存在すると話し、憲法の役割についての大まかなイメージを持ってもらいました。そして、用意した事案の説明へと入っていきました。

(2) 事案の説明、生徒の第一印象

事案としては、高校生活の一コマである文化祭を題材に、このようなケースを生徒に考えてもらいました。

公立A高校の文化祭では、毎年、生徒が有志で集まりさまざまな企画を行っています。2007年の文化祭でも、模擬店や部活の成果の発表など、さまざまな企画が行われました。しかし、以下の3つのグループは、校長先生に企画の実施を認めてもらえませんでした。

ア）長年、「独身貴族」を満喫していた1年B組の担任のC先生に新しく恋人ができたことを知った生徒たちが、スクープとして、デート写真などを交えて暴露しようとした企画

イ）生徒たちが、生徒が殺し合いを演ずる暴力的な映画を上映しようとした企画

ウ）いつまでも国防をアメリカに頼っていてはダメだと考えた生徒たちが、日本も核兵器を持つべきだという主張を伝えようとした企画

○**グループワーク その1**

以上の3つのケースにおいて、まず、こちらから説明をする前に、生徒たちに、校長先生がこれらの企画を禁止することは許されると思うか、考えてもらいました。ここで、4〜5人で1つの班をつくってもらい、話し合ってその結論を発表してもらいました。自由な挙手制ではなく、どの班にも話してもらうことにしたことで、生徒全員が話し合いに参加し、考える機会を持てたと思います。

その結果は、ア）については、全ての班が、校長先生の禁止は許される、逆に、ウ）については、全ての班が禁止することは許されない、となり、イ）については、半々くらいと結論が分かれました。

(3) 憲法とは、表現の自由とは？

このように、第一印象を答えてもらうことを通して事案について頭に入れてもらった後、いよいよ、憲法の中身へと進んでいきました。まず、あらかじめ生徒1人ひとりに配布した憲法の条文のコピーを見てもらい、今回の事案において、生徒は、何の自由が制約されたのかを考えてもらいました。ここでは、グループワークの形ではなく、1人ひとりに自分で考えてもらい、その後順番に全員に当てて何条が問題になるかを発表してもらいました。

生徒からは、こちらが特に問題としたかった憲法21条の表現の自由の他に、憲法9条（戦争放棄）、12条（公共の福祉）、19条（思想良心の自由）、26条（教育権）などの意見が出ました。

これらの条文はそれぞれ問題になりうるとしたうえで、「最もぴったりあてはまるものはどれでしょうか？」と質問し、そこでみんなの意見が一致した憲法21条について考えていくことにしました。そして、憲法の役割（対国家規範性）、表現の自由の価値について、しばらくこちらからレクチャーをすることにしました。このレクチャーは、今日の事案において、本当に表現の自由として守られるべきケースかどうかを考えるための前提事項として、こちらから最低限の知識を伝えておこうという趣旨に基づいています。

○レクチャー その1

ⅰ）憲法の対国家規範性

憲法の役割について、憲法の対国家規範性に焦点を当てて、ごく一般的と思われる説明をできるだけ平易に行おうと、以下のような説明を試みました。

まず、いわゆる「自然状態」では、個人と個人の間で衝突が生じるので、それを解決するために「国家」というものが生まれます。ただ、個人間の衝突の解決のために国家に権力を集中しすぎると、国家がその権力を濫用する恐れがあり、そのために、個人の重要な権利が害されてしまうこともあります。日本史の時間に勉強する、戦前の治安維持法などはそのよい例です。そこで、個人の重要な権利を侵害しないように、あらかじめ国家の活動範囲を限定しておく。これが、憲法の役割です。たとえば、国家は、個人の表現の自由を侵害するような活動をすることはできないのです。このような憲法の役割を「憲法の対国家規範性」といいます。憲法は、国家に向けられた、国家の行動を限定しようとする規範だということです。このことを示すよい例が、憲法99条です。憲法99条は、憲法尊重擁護の義務について述べたものですが、そこでは「天皇又は摂政及び国務大臣、国会議員、裁判官その他の公務員は、この憲法を尊重し擁護する義務を負ふ。」と規定しています。ここで分かるように、義務を負うものとして挙げられているもののなかに、一般の国民は入っていないのです。憲法は、基本的には、全ての国民に義務を課そうというものではなく、国家に義務を課そうとするものなのです。

ⅱ）表現の自由の価値

ⅰ）で述べた憲法の役割をふまえそれでは憲法はなぜ個人の重要な権利として表現の自由を保護しているのか、を説明しました。ここでも一般的な説明に従い、表現の自由には次の2つの価値があると説明しました。

a) 言論活動を通じて自己の人格を発展させるという、個人的な価値（自己の成長）

b) 言論活動によって政治的意思決定に関与するという、社会的な価値（世論の形成）

a) は、たとえば、友達と議論をする、ブログを書く、絵を描くという表現活動に含まれる価値です。

b) は、たとえば、街頭演説をするという表現活動に含まれる価値で

す。しかし、ブログを書く、友達と議論するという表現活動にもそのような価値は十分に認められます。

（4）個々の事案の検討——表現の自由は絶対か？

では、重要な権利である表現の自由を、国家はいかなる場合も制約できないのでしょうか？

このことを考えるにあたっては、まず、問題となっている表現にa)、b)の価値が認められるか、認められるとしてどの程度かは、ケースバイケースであることを認識することが重要となります。そして、表現の自由を制約する正当な理由があるのかも問題になります。

この2つの面をみて、校長先生による禁止が許されるのかを判断することになります。

○グループワーク その2

そこで、今回の事例において、校長先生が、なぜこれらの企画を禁止したのか、そして、その理由は「もっともだ」といえるかを、班で考えてもらうことにしました。グループワークその1と同様に、班で意見をまとめて、その意見を発表してもらいました。

ア）については、C先生のプライバシーを害することになってしまう、という意見が多く見られました。イ）については、残酷で文化祭の場にはそぐわないからではないかとか、生徒の親から苦情が出ることが予想できたからではないかという意見などが出ました。

○レクチャー その2

ここまで、生徒の「表現の自由」と校長先生が企画を禁止しようとする理由について、それぞれ考えてきました。それでは、結局、この事案では、禁止することは許されるのか、結論が気になってくるところです。しかし、法律の議論は、高校までで学ぶ数学などと違い、1つの明確な答えがあるわけではありません。そこで、重要なのは、自分なりの考え方をまとめ、それを他の人に説得的に伝えることだ、ということを強調

したうえで、私たちから1つの考え方を提示しました。その際には、考える視点を提示することに力点を置きました。

ここでは、紙幅の関係上、ウ）の事例についてのみ、考え方をごく簡単に示したいと思います。

ウ）の事例で、生徒たちの表現活動は、「自己の成長」という価値も「世論の形成」という価値も兼ね備えているという点は、容易に肯定できると思います。それに対して、校長先生が生徒たちの企画を禁止したのは、「核兵器を持つ」という考え方は正しくないという理由に基づいているのではないかと考えられます。しかし、ある意見が正しいか正しくないかは校長先生が決めることなのだろうか、という問題があります。

さまざまな意見を出してそれを闘わせることには価値があります。たとえば、自分の意見を持つためには、さまざまな事実、意見についての知識を得ることが必要不可欠な条件となります。また、多様な考え方の存在を知ることで、寛容の精神が養われるという側面もあります。このような観点を重視すると、生徒たちの「核兵器を持つべき」という主張が発表される前に潰されてしまうのは望ましくないようにも思われます。

ただ、別の考慮要素もあります。それは、この表現活動が、高校の文化祭という場で行われているということです。そのような場での表現活動は、普通の人が、講演会場で行う表現活動と同じ程度の制約しか受けないのかというと、少し首を傾げたくなります。高校は、あくまで「教育の場」であり、校長先生が生徒の成長にふさわしいかを考えて教育活動を行うことが予定された場であるので、それに伴う制約が一定程度あると思います。そのような制約に伴って、生徒たちの表現活動の禁止が許されることになるか、考える必要が出てきます。

(5) まとめ

ここでは、授業の最初に述べた、法律を学ぶとはどういうことかについての3つの点、

① 法律のねらい・目的を理解すること
② 社会のいろいろな場面に、法律についての問題があることをつかむこと
③ 法律を適用して、それらの問題を解決する

を、今回使った事例に即して確認しました。

その上で、法律を学ぶとはどういうことかを、もう一度確認しました。

すなわち、法律の条文を覚えることは重要ではない、なぜならば、条文を覚えていてもそれだけではその意味が一義的に理解できるわけではない、したがって、個々の条文の趣旨に立ち返って検討し個々の事案の問題点をふまえて法を適用すること、これが法律を学ぶことの1つのあり方である、ということを伝えました。

そして、そのような勉強をする際に重要な点としては、以下の2つの点をあげました。

◇**常に、「なぜ」と問う**

法律の条文は一見細かい文字の羅列に過ぎませんが、それらは何らかの目的をもっているのであり、「なぜこのような条文があるのだろう」「目的は何だろう」と問うことが重要です。

◇**「紛争」における問題点を法的にとらえる**

世の中に起きるいろいろな争いごとにおいて、そこでは一体誰のどのような権利が侵害されているのか、それは重要な権利なのか？ 相手についてはどうか？ ある人の言い分は、法的には許される言い分なのか？ というように、争いごとを法的な観点から分析してみることが重要となります。

このように、法律を学ぶとはどういうことか、法律を学ぶ際に重要なのはどういうことかについて、私たちの考えを伝えて授業を終えました。

3 授業を終えて

　生徒たちは憲法や法律が何であるかについて抽象的には学校で教わるものの、単に条文を暗記することこそが重要なことだと誤解しているだろうという私たちの予想はそれほど的を外れたものではなかったようです。生徒たちの感想には「憲法や法律は六法全書を丸暗記するものだと思っていましたが、むしろ物事を深く考えることや人に分かるように伝える工夫や努力が重要だと思いました」というような意見が多く、今回の出張教室を通じて、日ごろ受け身で勉強をしてしまいがちな生徒たちに自分の頭を使って社会で起こる事象について深く考えることの楽しさや法学の創造性について知ってもらおうと考えていた私たちにはとても幸せな体験となりました。

　もっとも、校長先生に対する憲法問題という身近なテーマを扱うということで、センシティヴな面があったことは否めません。その辺りについて十分な配慮が必要と感じました。もっとも、私達の意図としては、具体的な事例に即して、どのような視点から問題を捉えたらいいのかを、自分達の頭で考えてみてほしかったということであり、それを伝えたつもりです。幸いにも私たちの授業に多くの生徒・先生方に参加していただくことができ、私たちの意図を理解していただけたと感じています。

　ともあれ、国民全体の間で憲法について理解が不十分ではないかとも考えられる中で、今後も、今回のような機会を多く設けて憲法とは何であるかを考えてもらうことは重要だと実感しました。

4 解　説

　今回私たちが扱ったテーマにおいて重要なことは、憲法とは何であるかについて考えることです。一般的には、実質的な意味での憲法とは国

家権力(国会・行政・裁判所)を制限し、国民の自由や権利を保障するものと定義されているようです。すなわち、日本国民全体に関わる問題は多数決で決める(主に国会など)けれど、多数決で決めただけでは日本国民1人ひとりのことまでは考慮できないから、1人ひとりの視点で物事を考えた時に不具合が起きる場合には、その人たちの行動を保障しよう(主に裁判所などによる)とするものが憲法であるという理解です。そして、1人ひとりの視点で考えた時にその人の行動を保障するものを特に人権と呼ぶことがありますが、人権といったからといって常にその人の主張が通るというわけではありません。重要なことは、憲法上規定されている条文の趣旨を考え、具体的な事案においてどのように考えるべきかをみんなで悩むことです。今回私たちが想定した事例では、たとえば文化祭で先生のデート写真を公表することは許されず、生徒達が自分達の意見を持って核兵器保有の主張を公表することを校長先生が禁止することは許されないと考えることが一応、一般的な「正解」のようにも思えます。しかし、具体的な事案によって多様な事情があるのですから、その事案における各種事情によって「正解」は変化するものなのです。

文責:岡本直也、亀田康次、山口敬介

第2章

人助けしたつもりが勘違い！ケガをさせてしまったボクは犯罪者？

実施校	東京学芸大学附属国際中等教育学校 中学1年生　25人クラスで1組〜4組　50分 山崎学園富士見中学高等学校 中学1〜3年生および高校2年生の希望者　計30名　90分
授業形式	劇形式50%・ディスカッション30%・説明20%
主な事例	ジョンは、病気でパニックをおこしかけている恋人のエリーの体をおさえつけてなだめようとしていた。しかし、外国人カップルの2人の激しいやり取りの意味を理解できなかった通行人・ミサワは、エリーがジョンに襲い掛かられていると勘違いし、ジョンを突き飛ばしたところ、ジョンはケガをしてしまった。

1 授業に向けて

題　材	誤想防衛
ねらい	事例を通して法律の存在意義を感じてもらう。 事件の加害者と被害者と直接会話し、その言い分を聞くというフィクションを通して、法律問題の当事者に感情移入してもらう。

(1) 題材選び

　中学1年生にも授業をするということが決まった私たちは、当初、授

業のイメージが全くわきませんでした。出張教室は例年、高校生を対象とすることが多く、自分たちが遠い昔の中学1年生の頃に、法律の授業を聞いたらどう考えただろうかなど、想像もつかない世界でした。

　何を目指して私たちが授業をしようとしているのか、話し合いをしていくうちに、「法律は何を守ろうとしてつくられているのかということを自分の力で感じてほしい」という意見が出てきました。本来、法律は人間社会に必要なもののはずですが、世の中には、法律が現実に適合しない場面を面白おかしく伝える情報がたくさんあって、そのことがわかりづらくなっているように思います。中学1年生に向けたベーシックな授業として、法律の存在意義を感じてもらおうというのが、私たちの授業のねらいとなりました。

　このねらいを達成するためには、法律問題の当事者に感情移入するということが重要のように思われました。日常生活に無関係なように感じがちな法律問題も、架空の当事者を設定し、その当事者に感情移入してもらえれば、法律の存在意義を感じやすいのではないかという発想です。こういった発想は、題材選びにも影響していったように思います。

　私たちは、扱う法律を刑法にしようと決めていました。刑法であれば、サスペンスドラマなどでなじみがあり、生徒たちも人を罰するための法律という程度のイメージはあるでしょう。また、既に一定のイメージがある法律の方が、「その法律は何を守ろうとしてつくられているのか」ということを考えたとき、視点の広がりを感じやすいと考えたのです。

　しかし、刑法というと「犯罪者＝悪人」がでてくる世界を想像させ、行為者を「罰してほしい」という方向には感情移入しやすくても、「罰すべきではない」という方向には感情移入しにくいことが多いでしょう。法律は、対立する2つの利益を想定し、その線引きをするところに存在意義があるのですから、刑法を扱う場合も、「罰してほしい」と「罰すべきでない」という双方向に感情移入してほしいところです。この「罰すべきではない」という方向にも感情移入しやすい格好の題材として挙が

ったのが、誤想防衛という問題でした。

　誤想防衛とは、身を守ろうとして相手を害してしまったけれども、実は相手から攻撃されていると思ったのは勘違いで、相手は攻撃しようとしていたわけではなかったという場合のことをいいます。このとき、相手を害してしまった人は、正当防衛になると思って行動しているわけです。これなら加害者も悪人というわけではなく、わが身にも起こりかねないという印象をもってもらいやすいのではないでしょうか。

　加害者にも感情移入できれば、「人に害を与えた者は罰しよう」というだけではなく、「人に害を与えたら全員罰すべきなのか、処罰範囲を限定すべきではないか」という視点にも気付いてもらうことができます。それは、まさしく、処罰・不処罰の境界を定める刑法という1つの法律の存在意義を考えてもらおうという授業のねらいにつながります。

　かくして、題材には誤想防衛が選ばれました。

(2) 授業づくり

　私たちは、「『パニック状態の外国人女性をおさえつけて宥めようとしている外国人男性』を見て、女性が男性に襲われていると勘違いした日本人の通行人が、その男性を突き飛ばし、ケガをさせた」という事例を中心に授業を行うことにしました。

　ちょっとわざとらしい事例のようですが、実は、「勘違い騎士道」事件という有名判例（最高裁昭和62年3月26日決定）をモチーフにしています。この事件は、酔っ払っていた日本人女性を日本人男性が宥めようとしていたところ、その日本人女性がしりもちをついたことに端を発します。ちょうどこのとき、外国人が通りかかり、酔っ払った女性はその外国人に「ヘルプ・ミー」と叫びました。この様子を目撃した通りがかりの外国人男性は、女性が男性に襲われていると勘違いし、女性を助けるべく両者の間にわって入って行きました。これに対して、女性を宥めようとしていた日本人男性は、驚いて両こぶしを胸の前に上げたのです。この

日本人男性としてみれば驚いただけだったのですが、通行人の外国人からしてみれば、この日本人男性は女性を襲う暴漢に見えていたわけですから、日本人男性の動作がファイティングポーズをとったように見えてしまいました。そこで外国人男性は、自分と女性を守ろうと、とっさに日本人男性の顔面付近に空手技の回し蹴りをくらわせました。その結果、日本人男性は転倒して頭蓋骨骨折等の傷害を負い、後日死亡するに至ったという事件です。

この事件では、「勘違いした」という点と「勘違いしたとしてもやりすぎではないか」という点が両方とも問題となるため、私たちは、このままでは中学1年生には難しすぎるのではないかと危惧しました。そこで、「勘違いした」という点に問題をしぼった事例にしました。また、「勘違い騎士道事件」は、日本語のわからない外国人が勘違いをしたという事件なのですが、なるべく自分にひきつけて感情移入できるようにと、私たちの事例では、勘違いをした主人公を日本人にしました。

一方、授業の進行方法については、聞き手も飽きさせないように、事例を劇仕立てですることにしました。そうすることで、より当事者というものをイメージしやすくなり、感情移入を誘いやすいという効果も期待できます。

そして、ディスカッションの運びにおいても、当事者に感情移入させられるように構成しました。まず、事例の劇の後、生徒に自由にディスカッションしてもらい、少したってから議論のヒントを提示することにしていたのですが、この場面も当事者をイメージしやすいよう劇形式で行いました。

このようにディスカッションを二段階に分けたのは、最初のディスカッションで、授業であることを意識せずに直感的に正しいと思った結論を発言してもらいたかったからです。

そして、再び有罪か無罪か、友達と議論しながら自分の意見を決めさせた後が、いよいよ劇仕立ての授業の醍醐味です。有罪派・無罪派を教

室の左右に分け、有罪派には加害者役が「自分を無罪にしてほしい」と、無罪派には被害者役が「加害者を有罪にしてほしい」と、説得に向かいます。

この形式によって、生徒は自分自身の感覚にしたがって発言ができる一方、反対側の立場の意見も「当事者」の言葉として聞けることになります。このように、事件の加害者と被害者と直接会話し、その言い分を聞くというフィクションを通して、日常生活と無関係のように感じがちな法律問題の当事者に感情移入してもらおうと努めました。

なお、授業では、いきなり誤想防衛の事例から入るのではなく、初めは攻撃された人自身が正当防衛する事例、次に第三者が正当防衛する事例を扱ってから、第三者が誤想防衛する事例というように順を追って検討しました。

2 授業の模様

（1）導入
（2）攻撃された人自身が正当防衛する事例（事例1）
（3）第三者が正当防衛する事例（事例2）
（4）第三者が誤想防衛する事例（事例3）
　（ⅰ）グループディスカッション①
　（ⅱ）ヒントの提示
　（ⅲ）グループディスカッション②
　（ⅳ）無罪派・有罪派双方に分かれてジョン役・ミサワ役との対話
　（ⅴ）意見が変わったり迷ったりした点についての発表
　（ⅵ）事例3の小括
（5）今日のまとめ

第2編 | 事 例 集

(1) 導　入

導入では、授業の目的を紹介します。

とはいえ、法律の存在意義を知ってほしいのではなく、自分の力で感じてほしいと考えていた私たちは、最初に詳しい説明をすることは避けたいと考えていました。そこで、授業のねらいを説明するのではなく、「法律が何を定めていて、どのような役割を果たしているかということを3つの事件を通じて見てみましょう」というスタンスで、極力あっさり事例に入っていくようにしました。

(2) 攻撃された人自身が正当防衛する事例（事例1）

まずは、攻撃された人自身が正当防衛をした事例から始めました。ケガをさせる行為は倫理的によくないというだけでなく、犯罪（傷害罪）となることを確認した上で、身を守るための反撃は、法律上、正当防衛として処罰されないことを確認するためのものです。

ここから私たちは、司会・当事者・レポーター役に別れて劇形式で授業を進めていきました。

司会：早速1つめの事件。エリコさんが読書していると、突然ジュンくんが殴りかかりました。エリコさんは身を守るためにとっさにジュンくんを押し倒して逃げたのですが、ジュンくんがケガをしてしまったという事件です（エリコ・ジュン役がスローモーションで実演）。

刑法という法律で、人に乱暴してケガをさせるのは傷害罪になると定められています。ちょっとしたケガでも傷害罪にあたります。では、ジュンくんにケガをさせてしまったエリコさんは罰金をとられたり、刑務所にいれられたり、という処罰を受けなければならないのでしょうか？

レポーター：（おもちゃのマイクを持ち出して登場）それでは、街角の意見を聞いてみましょう！（教壇側から生徒の席の方へ移動し、生徒にマ

イクを向ける）いかがですか？
生徒1：罪にならない！
レポーター：なんでですか？
生徒1：正当防衛だよ、そんなの。
レポーター：よく知ってますね！　サスペンスとかで聞いたことがあるかな？　実は、このエリコさんのように、暴力をふるう人から身を守るために、仕方なく乱暴なことをしてしまった場合は、やりすぎでなければ処罰されないことになっています。これは、「本当は処罰されるのだけれど、可哀想だから見逃してあげる」というわけではなくて、法律がきちんと処罰しないということを定めているのです。「正当防衛」というものです。

　法律は処罰される場合だけでなく、処罰されない場合も定めているということを、頭の中にとどめておいてください。

　レポーターが生徒にマイクを向けると、決まってどよめきがおきました。しかし、いざ自分にマイクが来ると、おもちゃのマイクにもかかわらず、生徒は私たちの劇につきあってくれ、身を乗り出してマイクに向けて発言してくれました。
　なお、このように劇から始めたのは90分授業の場合であり、50分授業のときは、この事例については事前アンケートで意見を聞き、解説から授業を始めました。

(3) 第三者が正当防衛する事例（事例2）
　続いて、第三者が行った場合でも正当防衛となることの確認です。

司会：それでは、次の事例にいってみましょう（パワーポイント①を出す）。おやおや、女性が男性に襲われそうです。これを見たミサワさんは、「これは大変」とこの男性に体当たりをしたところ、これによって男

第2編｜事例集

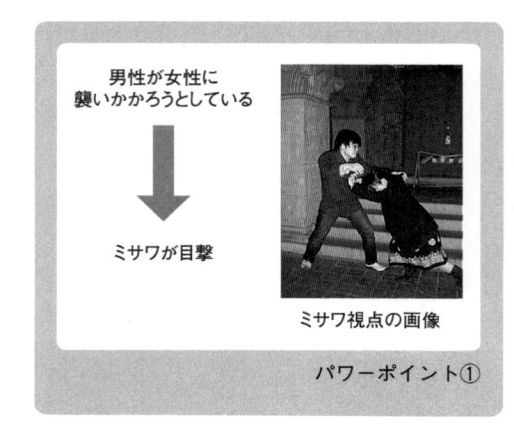

```
男性が女性に
襲いかかろうとしている
      ↓
   ミサワが目撃

           ミサワ視点の画像
              パワーポイント①
```

性は倒れてケガをしてしまいました。ミサワさんのしたことは傷害罪になるのでしょうか？　現場のシオカワさんを呼んでみましょう！　現場のシオカワさ〜ん！

レポーター：は〜い、レポーターのシオカワです！　こちらに被害者男性がいらっしゃいますのでお話を伺ってみたいと思います。ケガさせられた今の心境は？

男性：突然、見ず知らずの人間にケガさせられたんだから、厳正なる処罰を望みます。

レポーター：なるほど……。一方のミサワさん、何か反論は？

ミサワ：え？　だって、あいつはそこにいる女性に襲いかかってたんですよ？　結果的にはケガさせちゃいましたけど、あの人を守ってあげるには仕方ないじゃないですか。

レポーター：う〜ん、なるほど〜。さあ、双方の意見が真っ向から対立していますが、どうなんでしょうか？　ミサワさんのしたことは傷害罪になると思いますか？　再び、街角のインタビューをしてみたいと思います（マイクを生徒に向ける）。

生徒2：ええー、罪にならないと思う。

男性：（わりこむようにして発言）いやいや、こいつ（女性を指す）がやるんならともかく、俺はこの男にはなんもしてへんぞ。

生徒2：そうだけど……。（男性からの反論を聞いてつまった様子）

レポーター：じゃあ、赤ちゃんとか、力の弱い女性みたいに自分で反撃できない人が襲われてるのを見た人は、体当たりとかして守ろうとし

たらだめなのかな？　周りの人が助けるために頑張ったらダメって世の中だったら逆に不安じゃない？

生徒2：（男性に対して言い返すように）そうだよー！

レポーター：いろんな意見が出てきたところで、法律は実際のところ、どうなってるんでしょうか？　スタジオにお返ししま〜す！

司会：はい、皆さんは法律というと「人を処罰する」っていうイメージしか出てこないかもしれません。しかし、法律には「こういう場合だったら処罰されない」ということを事前に国民に告知する役割ももっています。先ほどの事例1のように自分の身を守るための場合はもちろん、この事例2のように他の人の身を守るためであれば、やりすぎではない程度の行為は許される世の中でないと心配ですよね。いつでも警察が近くにいて、国民を助けてくれるわけじゃないですから。そこで、わが国の刑法36条では自分の場合はもちろん「他人の」権利を守るためにやむを得ずした行為は罰せられないと規定しているのです。

レポーター：ということで、罪に問われないみたいですよ。

ミサワ：よかったです。これで安心してこれからも人助けできます。

女性：ですよねー、こんなやつ（男性をチラ見）、守ってやる必要ないのよ。あ、助けてくれた正義の味方、お名前は？

ミサワ：名乗るようなもんじゃないっす（退場）。

　私たちは授業時間にゆとりがなかったため、議論が進んだ時点で第三者という点に着目されると議論が紛糾することを防止しようと第三者が正当防衛をする場合の確認をしておきました。実際には、大体の生徒が、第三者の事例でも「許されるに決まってる」というリアクションでしたが、男性からの反論に揺さぶられて「やっぱりダメだと思う」と答えた生徒もいました。

第2編｜事 例 集

（4）第三者が誤想防衛する事例（事例３）

いよいよ次が、メインの誤想防衛です。先の２つの事例とは異なり、この事例はこちらから知識を教えるためのものではなく、生徒に考えてもらうためのものです。

司会：名乗るような者じゃないとおっしゃっていますが、正義の味方のお名前はミサワさん。処罰されなくて、よかったですね。みなさんもミサワさんにならって困っている人がいたらどんどん助けてあげ……ん？（イヤホンをさわりながら）ただ今、新しい情報が入りまして、そのミサワさん、また同じような場面に遭遇したようです。詳しいことを現場のシオカワさんに聞いてみましょう。再び、現場のシオカワさ～ん！

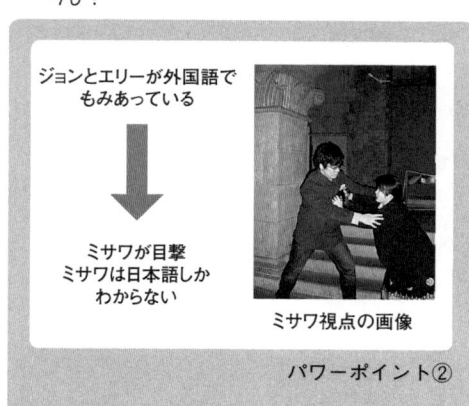

レポーター：（パワーポイント②を出す）はい、こちらに入ってきた情報によりますと、ミサワさんは路上で言い争っている２人の外国人を見かけたようです。

この２人はカップルということらしいのですが、外国語なのでミサワさんにはわかりません。みなさんにはわかるように再現VTRでは、その様子を同時通訳でお届けします（ここで同時通訳中の札をかざす）。

```
ジョンとエリーが外国語で
もみあっている
     ↓
ミサワが目撃
ミサワは日本語しか
わからない

ミサワ視点の画像

パワーポイント②
```

ジョン：こんなところにいたのか、エリー……。
エリー：もう私にかまわないで、ジョン。
ジョン：だめじゃないか、ちゃんと病院にいって検査を受けないと。

エリー：ジョンだってわかってるでしょ！　もう検査なんて無駄よ！
ジョン：そんなこと言うな！　命を粗末にするんじゃない！
エリー：……私、死にたくない！
　※ジョンは暴れるエリーをおさえつけようとする。ミサワ登場。
ミサワ：女性が男に襲われている！　助けなければ！
　※ミサワ、エリーを助けようとジョンに突進。ジョン、倒れる。
レポーター：再現VTRをご覧になっていかがでしたでしょうか？ジョンさんは今のでケガしてしまった模様です。ミサワさん、今の心境は？
ミサワ：ボクは必死に女性を助けようとしていただけです！　ケガさせようとしてやったわけではないです！　ボクは悪くないです！
レポーター：なるほど……。ジョンさんはいかがですか？
ジョン：いきなりケガさせられたのに、無罪なわけないでしょう！
レポーター：なるほど〜。またまた、2人の意見が真っ向から対立していますね。みなさんの意見はどうですか？

　ここでのインタビューは純粋に両者の感情だけを述べ、(ⅲ) ヒントの提示の際に、踏み込んだ内容を話すように配分しました。
　このインタビュー後、有罪と思う人と無罪と思う人それぞれの挙手を求め、人数確認していたところ、最初の直感的判断としては、大体のクラスで有罪派が優勢でした。

(ⅰ) グループディスカッション①
　最初のディスカッションは、生徒がどんな反応を示すかの様子見です。目安としては3分程度とし、極端に意見がどんどん出てくる場合や、逆に意見がなかなか出てこない場合には早めにヒントを提示するようにしました。この段階では、「ミサワは正義の味方って言われて調子に乗ってる」とか「道端でけんかする方が悪い」といった感情論が多く、高校生より中学生の方がすぐに議論が盛り上がる傾向がありました。
　有罪派と無罪派の比率は、ちょっとした演技の雰囲気にも左右される

ようです。例えば、「あんなにエリーが暴れてるのに、ジョンが襲ってるって勘違いするわけない」という発言が聞かれたことがあったりと、エリーの演技1つでも、こちらの意図したものとは異なる印象を与えてしまったこともありました。

（ⅱ）ヒントの提示

ここで、生徒の様子を見ていた法科大学院生がそっとグループから離れ、劇を再開するという形で、次のプロセスに移りました。

司会：あ、現場から新たな情報が入りました！　現場のシオカワさん！
レポーター：はい、こちらには当事者のお二方に再びお越し頂きました。まだ、みなさんに訴えたいことがあるようですよ。
　　　（同時通訳中の札をかざしながら）まず、ジョンさん、どうぞ！
ジョン：いきなり殴られたボクが泣き寝入りしなきゃいけないなんて、日本人は何て冷たい人たちなんだ！　ボクはエリーを心配してただけなんだぞ？
レポーター：なるほど。ジョンさんの主張をちょっとまとめてみますと、確かに、さっきのケースでは、ミサワさんがケガをさせてしまった相手は女性に襲いかかっていた人だったのに対して、今回のジョンさんは何も悪いことはしてないですねー。

ここでのインタビューは、先ほどのものより踏み込んだ内容になるようにしました。先ほどのインタビューでは、許せないという感情論にとどまるのに対し、（ⅱ）では、事例2との比較を持ち出しています。事例2の男性と違い、ジョンは、攻撃を受けても仕方ない人ではないということを指摘しています。

実際の授業では、この事例2との違いをまとめたパワーポイントも使用しています。

レポーター：一方のミサワさんは、いかがでしょう？
ミサワ：僕は、さっきと一緒で女性を助けようと思っただけです！
レポーター：（パワーポイント③を出す）確かにこちらの写真で確認してみても、ミサワさんから見えた状況はさっきとほとんど変わりませんねー。ミサワさんは2人の話している言葉がわからなかったわけですから、誤解しても仕方がなさそうです。それでは、もう一度、2人の意見を参考に考えてみて下さい！

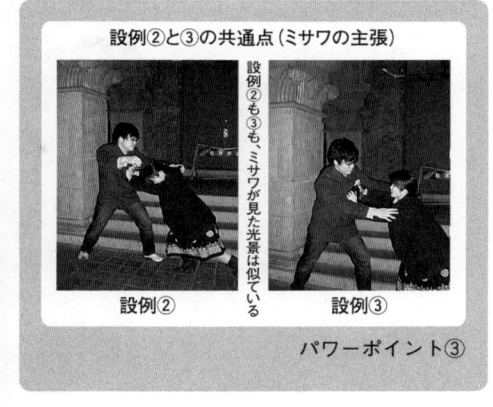

　ミサワの方も今回のインタビューの方が踏み込んだ内容になるようにしています。先ほどのインタビューでは、なぜ逮捕されたかわからないというパニック状態での感情論だけですが、（ⅱ）では、ミサワは法律上許される正当防衛のつもりでいたということ、そう勘違いしても仕方がなかったではないかということを主張しています。
　このインタビュー順序は、劣勢になると予想されたミサワのインタビューを後にして、印象に残そうと試みました。

（ⅲ）グループディスカッション②
　再びディスカッションに戻ってもらい、10分くらいしたら結論を決めるように促しました。
　この段階になって、議論すべきポイントが明確になり、グループディスカッション①ではおとなしかったグループでも議論が活発化されるようになりました。特に、パワーポイントで事例2との比較をしたことに

より、グループの中で少数派となった生徒が「ほら、ミサワから見たらさっきと変わらないよ」とか「さっきと違ってジョンは何もしてないのにかわいそうじゃない」と盛り返したりしていました。

(ⅳ) 無罪派・有罪派双方に分かれてジョン役・ミサワ役との対話

10分経過後、無罪派と有罪派にわかれて座るように指示します。そして、ジョン役は無罪派の生徒の下へ、ミサワ役は有罪派の生徒の下へ行き、それぞれアドリブで対話しました。

ここでは、極力新しい視点を提供するため、処罰することでどのような社会になるかという角度からのアプローチを試みています。

無罪派とジョンとの対話：例

ジョン：（同時通訳中の札をもちながら）みんなは、どうしてミサワをかばうわけ？

生徒3：やっぱり、正しいことをしようとしたわけだから、罪にするのはかわいそうだと思う。

ジョン：じゃあ、好きに法律を作れるとしたら、「勘違いでも人を助けるようとした場合は、罰しない」という法律でいい？

生徒3：うーん。それでいい……と思う。

ジョン：「ミサワがかわいそう」っていったら、いきなり押し倒されてケガをさせられた僕の方がかわいそうじゃない？ 守ってくれないんだったら、安心して暮らせないよ。

生徒4：大したケガしてないでしょ。

ジョン：でも、もし君が友達と遊んでいるときに、押し倒されてケガをさせられて、「襲っていると勘違いした。大したケガじゃないし、いいだろう」って言われて納得できる？

生徒5：日本語で話してるときに勘違いしたなら、勘違いした方が悪いけど、ジョンは外国語で話してたから、やっぱりミサワさんは悪くないと思う。

ジョン：君が外国で襲われて、「日本語で話しているから勘違いした。お前らが悪い」って言われても、文句言わない？

　ジョンは、正しいことを行おうとした者ならば処罰しないでよいという立法だと社会に悪影響が生じないかという視点から発言していました。この対話の中で、ミサワを処罰することが身体の安全を守ることにつながる関係にあるということを感じてもらうように努めました。
　ジョンの主張は、刑法の役割の中でも、処罰する意義を示唆するものです。しかし、処罰することが身体の安全など大切なものを守るという意義を有していることは、元から何となくわかっている生徒が多く、受け入れてもらいやすい反面、新しいことに気付いたという感覚は小さく、説得は大変だったようです。

有罪派とミサワとの対話：例
ミサワ：もしボクが罰せられるなら、今度あんな状況を見かけたら、ボクは女性を助けに入れなくなっちゃいますよ！　さっきの事件の女性も見過ごそうってことになっちゃいますよ!?　確認しようとしてる間に、手遅れになったらどうするんですか!?
生徒6：確認くらいすぐできるんじゃない？
ミサワ：だって、外国語で話してたし、さっきと同じくらい大変そうに見えたから……。
生徒6：外国語で話してたんだったら、余計注意すべきなんじゃないの？　外国語をわからない方が悪い！
ミサワ：確かにジョンに対して胸が痛みますけど、国から罰せられなきゃいけないですか？　ボクは前科者になっちゃうんですか？
生徒7：自分のしたことなんだから、責任とりなさい！
ミサワ：前科者になったら就職だって大変だし……。正しいことを行ったつもりなのに、それを認めてもらえないんですか？

第2編　事例集

　　ミサワは、処罰することによって社会や個人に与える影響を訴えていきました。そして、処罰することによる影響の大きさを訴えることで、刑法には処罰範囲を限定する意義もあることを示唆しています。ミサワは、処罰範囲を限定する意義を事例に即して「正しいと思ったことを行う自由を認める」という言葉で話していました。

　　生徒の意見としては、ミサワの説得に対する反論を挙げていますが、説得された生徒も相当数いました。特に、「今度あんな状況を見かけたら、女性を助けに入れなくなる」という言葉に説得された生徒は多かったようです。また、中学1年生のみの授業では「許せない＝有罪」という感覚が強かったようですが、刑罰は国が行う公的処罰であり、前科がつくなどの重みもあるということを強調すると考えが変わった生徒が多く見られました。

（v）意見が変わったり迷ったりした点についての発表

　　対話の後は、意見の変わった生徒にレポーターがインタビューをし、意見を発表してもらいました。その際、意見が変わった要因は何を重視するようになったからか、という点をレポーターの方でまとめながら意見を聞くように心がけました。

　　全体として、無罪派に転向した生徒の方が多かったように思います。その意見としては、「初めは当然処罰されるべきだと思ったけれど、次に似たような状況に出会ったら助けに入れなくなるかもしれないというのは、まずいと思った」とか、「初めはミサワが悪いと思ったけど、前科までついてしまうのは可哀相だなと思った」という意見が多くでてきました。

レポーター：今回の事件を聞いて、初め、直感的に結論がでたという人もいたと思いますが、こうやって反対の意見を聞いてみて意見が変わったという人が結構いましたね。意見は変わらなかった人でも、いろ

んな意見を聞いてみて、気持ちが揺れた人はいたと思います。
　このように、直感的に持った結論があったとしても、反対の立場から物事を見てみると、迷ったり、全然違う結論になったりすることがあるんですね。皆さんの中には、ニュースとかを見て「法律家って本当に非常識！」みたいな不満をもったことがある人もいるかもしれませんが、このように反対側の立場に立ってみると、直感とは違う結論が正しそうに見えてきたりする場合もあります。これからニュースを見るときには納得がいかなかったときこそ、反対側の立場に立って考えてみるという視点をもってもらえたらいいなー、と思います。

（vi）事例3の小括

　事例3のまとめとして、極端な状況を考えてもらいました。
　まずは、事例3のミサワさんのように勘違いで人助けしようとしてケガをさせた人が全て罰せられる社会だったらどうでしょうか。人々は、罰せられるのが怖くてとっさに人助けをすることが難しくなってしまいかねず、安心できない社会になってしまいそうです。刑罰は、国が国民を罰する厳格なものなので、被害者が可哀想というだけでなく、加害者の行為が「悪い」といえることが必要なわけです。しかし、加害者の視点からすれば正当防衛の場合と違いはなく、勘違いしても仕方ない場合であれば、その人の行為は「悪い」とはいえないでしょう。そこで、勘違いしても仕方ないといえる場合は処罰しないことになっています。
　次に、事例3のミサワさんのように親切心から人を助けようとしてケガをさせた人は全て罰せられない社会だったらどうでしょうか。
　そうするとエリーとジョンが普通に会話をしていたところを、勘違いして体当たりすることも許され、いつ襲われるかヒヤヒヤして暮らすという、やはり安心できない社会になってしまうでしょう。普通勘違いしないだろう場合に勘違いしてケガをさせてしまったときには、加害者の行為が「悪い」といえますから、処罰すべきでしょう。そこで、"傷害罪"よりは軽い犯罪ではあるけれども"過失傷害罪"という罪で罰せら

れることになっています。

　この解説は、初回から行ってはいたのですが、初回の授業のアンケートの回答で「結局、ミサワは処罰されるのか？」という質問が散見されました。このようなリアクションがあったのは、ミサワ側の意見もジョン側の意見も100％採用することはできないという結末に肩透かしのような感覚を受けたためと思われます。

　そのほかにも、「なぜ法律で画一的に結論を導き出せないのか」という趣旨の質問がほとんどの授業で出てきました。実際に起こる事件は複雑かつ多種多様なため、全てを法律で決めることはできないわけですが、法律というと非常に四角四面なイメージが強いため意外な印象を受けた生徒も少なくなかったようです。

　そこで、2回目の授業からは、「どのような場合なら勘違いしても仕方がないといえるかは、具体的には法律で決められておらず、勘違いが仕方なかったといえるかどうかは、現在はそれぞれの事件ごとに裁判官が評価し決めるもので、その評価次第で結論が分かれる」ということも指摘しておきました。

　ここで、「現在は……裁判官が」という表現をしているのは、裁判員制度が導入された際には、裁判員も、その評価に参加することを視野に入れているためです。裁判員制度への配慮は学校側からの要望も強く、次の「今日のまとめ」でも裁判員として、法律専門家以外の者の判断が裁判に関わってくることに触れました。

(5) 今日のまとめ

　最後のまとめはミサワ役が担当していました。この配役は偶然だったのですが、架空の当事者に感情移入するところを出発点として法律の存在意義を想像させる授業としては、主人公・ミサワの口から最後のまとめを語らせるのが一番であったと思うので、ミサワの言葉として掲載します。

ミサワ：皆さんは、法律と聞くと自分たちの生活にとって、あまり馴染みのないものと感じてきたのではないでしょうか。確かに、法律はパッと見た感じでは、これをしちゃダメ、あれをしちゃダメという役目だけを果たしているとも思えます。でも、今日の授業でみてきたように、法律の役割ってそれだけではありません。

　1つは「みんなの命、身体、財産などの大切なものを守ってくれる」ということです。常識や道徳からして、他人を殴っていいはずがありませんが、法律で「他人をケガさせてはダメですよ、ケガをさせてしまったらちゃんと罪を償ってもらいますよ」と定めているお陰で、ちょっと悪魔が囁いて他の人を殴ってやろうという人に、実際に殴るのを思いとどまらせることができるのです。その結果、法律がないときと比べて暴力は少なくなり、私たちは日々安心して暮らすことができるんですね。

　もう1つは、「正しいと思ったことを行う自由をちゃんと認めてくれている」ということです。今日みてきたように、もしどんな場合にも他の人に手や足で力を加えることが許されなかったとしたら、反撃ができません。親や先生から、困っている人・暴力を振るわれている人を見かけたら助けましょうと教わっても、自分が罰せられてしまうのでは、恐くて人助けなんかできません。法律は、正当防衛として、自身での反撃も人助けも認めて、人々の道徳心だとか善意を無駄にしないようにしているんですね。それと同じように、正当防衛をしようとした行為も基本的には罰しないようにしてくれています。もちろん、やりすぎてはダメだし、よく確認した上で、しなくちゃいけないわけですけど……。

　このように、法律って普段意識していませんが、私たちの生活に深くかかわっています。ですから、今、専門家任せにしないで、自分たちの判断も反映させていこうという流れになってきています。それが、

皆さん聞いたことがあるかもしれませんが、来年から導入される裁判員制度なんですね。法律家にならなくても、そういった判断にかかわる日がくるかもしれません。今日をきっかけにいろいろと考えてみて下さい。

3 授業を終えて

　私たちの授業は改善の余地もあると思いますが、授業後アンケートを見ると、ほとんどの生徒が授業を聞いて法律に関心を持ったと回答してくれました。自由記述欄にもたくさんコメントがあり、「もっと意見を発表させてほしかった」という意見さえありました。また、「法律家になろうとしている人がこんな普通の人たちだとわかってよかった」という感想も多く、そんなことから生徒にとっては新鮮だったのか、と感慨深いものがありました。

　授業の中でも、生徒の積極性はあらわれていたと思います。今回の事例について、「たとえば、死なせてしまったらどうか」ということを自発的にシミュレーションしている生徒もいました。私たちは、問題を簡単にしようと死亡結果は生じていない事例にしましたが、死亡結果が生じた事例のままにしたら、どんな反応が返ってきていたのか、想像するとこちらがわくわくするほど、生徒の反応は様々でした。

　さらに印象的だったのは、授業後、質問が相次いだことです。しかも、「裁判員制度に賛成ですか？」「死刑制度をどう思いますか？」など、授業に直接かかわりはない質問までたくさん出されました。アンケートによると、高校生の参加者も含めて、法学部進学希望者はほとんどいなかったのですが、それにもかかわらず、そういった質問がたくさん出てきたことに、「機会があれば、法律や社会がどうなってるのか知りたい」という生徒たちの強い欲求を感じました。

　そして、もう1つ、出張教室の大きな意義は、法科大学院生が法律を

専門としていない人のリアクションに直接触れられたことにもあったのではないかと、私は思っています。

　反対側の意見の何にひっかかるのか、どういう言葉なら届くか、フィクションの中ではありますが、法律を専門にしていない人のリアクションを感じ取ることができたのは貴重な体験だったと思います。私たちの完全ではない授業でも一生懸命考え、楽しんでくれた生徒の皆さんに感謝し、私たちもよりわかりやすい法律家になって、司法と一般市民の距離を近づけてゆきたいと思いました。

4 解　説

　正当防衛（刑法36条1項）とは、さしせまった危険があり、その危険から防衛するために必要かつ相当な行為は罰しないとするもので、他人のためにした場合でも正当防衛として処罰されません。

　同じく身を守るためにした行為でも、実際にはさしせまった危険がなかった場合（誤想防衛）は、主観的には身を守るために必要かつ相当な行為をしたにすぎない以上、故意（刑法38条1項）がないものとして処罰されないのが原則です。

　とはいえ、行為者の誤解に過失があるといえる場合には、過失傷害罪（刑法209条1項）で処罰されます。ここで過失があるといえるかどうかは、事実をどう評価するかによって変わってきます。たとえば、「外国語のやり取りがわからず、見た目から判断せざるを得ない」と考えるか、「外国語だからこそよく注意して判断すべき」と考えるかで判断が分かれることがありえます。

　なお、勘違いしたとはいってもやりすぎであれば、その人の主観においても正しいことをしたわけではないので、故意が認められ、傷害罪として処罰されることがあります。授業のモチーフとなった「勘違い騎士道」事件では、頭部に回し蹴りをしている上に、加害者が空手の有段者

であったこともあり、やりすぎであると判断され、有罪判決が下されています。ただ、防衛しようとしたことを考慮して執行猶予がついています。

文責：塩川泰子

第3章

ある日、男性に絡まれた女性・明子「やめて！」と男性を突いたら大変なことに……どうなる、明子？

実施校	県立明和高等学校 高校1、2年生の希望者　計41名　100分 早稲田大学高等学院 高校1、2年生の希望者　計23名　120分
授業形式	対話形式25％・ディスカッション25％・説明50％
主な事例	女性・明子はある日、駅のホームで酔っ払った男性・和夫に付きまとわれたあげく、髪を引っ張られた。そこで明子は、和夫を押しのけようと和夫を右手で突いたところ、和夫が酔っていたため、和夫の足元がふらついて線路に転落した。そのとき、電車がホームに入ってきたために、和夫は電車と線路の間に挟まれ、死亡した。果たして明子は「犯罪者」となってしまうのか？

1 授業に向けて

題材	正当防衛の相当性
ねらい	正当防衛が認められる場合はどこまでか、その限界を、具体的な事件に即して考え、議論することを通じて、法律的な考え方に親しむと同時に、1つの物事にも多様な見方が可能であることを感じてもらう。

（1）題材選び

　私たちは「正当防衛の相当性」を題材に「出張教室」を行いました。「正当防衛」という言葉がありますが、刑法の世界では、正当防衛が認められるための条件（以下、法律用語を用いて「要件」といいます）がいくつかあります。その要件の1つとして、「相当性」というものがあります。これは、反撃行為がその名の通り相当なものでなければならないというものです。つまり、侵害行為の程度（強さ）と反撃行為の程度とのバランスがとれていなければならない——たとえば素手で攻撃された場合に、反撃として日本刀で斬りつけてはならない——というものです。この「相当性」の有無を、私たちが用意した具体的な刑事事件に即して検討することを通じて、有罪か無罪かを生徒に考えてもらうことが、私たちの授業の中心課題です。

　私たちは、生徒の多くが関心を持っているテーマの方が興味を持って授業に参加できると考えました。そこで、訪問校の生徒に対し、事前に興味のあるテーマについてのアンケートを取りました。すると、「刑事裁判の手続」「どんなことをしたら犯罪になるか？」「民法に関する私人間紛争」などの回答をもらいました。これらを基にいくつかのプランを練り上げ、その中から訪問校に選んでいただくようお願いをしたところ、刑事事件を扱うことに決まりました。刑事事件は、刑法等の適用が問題になる事件です。裁判員制度の施行が2009年5月21日に迫っていることを考えると、刑事事件はテーマとしてタイムリーでもあったように思います。

　私たちは、1つの物事を多角的に眺められることが、裁判員に期待されていると考えています。ですから、授業では「いろいろな角度から考えてみよう」ということをメッセージとして伝えたいと思いました。そして、メッセージを伝えるために、生徒自身に考えを練り上げ、相互に議論をしてもらいながら、互いの意見に触れ、いろいろなものの見方を感じてもらう、という授業方法を試みることにしました。さらに、その

試みを、「法律の条文から一定の要件を抽出し、具体的な事実に照らしてその存否を考える」という、専門的な法律問題の考え方に従ってやってみようと考えたのです。

次に、具体的な「主題」の話です。刑事事件の中でも、なぜ「正当防衛」なのか正当防衛の成立要件の中でもなぜ「相当性」を扱うことにしたのか、ということですが、それは次の理由によります。正当防衛は、2時間ドラマ等でよく用いられる、馴染み深い言葉であり、専門的な説明にもイメージを持ってもらいやすい話題です。しかし、突き詰めて考えると意外な問題がいろいろと隠されている場所でもあります。ですから、生徒に楽しんでもらいながら授業のメッセージを伝えることができると思いました。

しかし、時間の制約があったので、議論に集中するために、正当防衛の成立要件の中でも、「相当性」に絞って取り上げることにしました。正当防衛の成立要件の中でも、この「相当性」の有無については、過去の裁判例も多く争いの蓄積があるため、最も意見の分かれやすい、議論のやり甲斐のある主題であると考えたからです。

以上が、授業の題材選びについてです。

(2) 授業づくり

続いて、授業の流れを決めたプロセスを話します。

まず、刑事事件を扱う授業である以上、刑事事件を処理する手続について一定の知識を提供することも必要です（覚えてもらうことが目的ではありませんが）。そこで、はじめにイントロダクションも兼ねて、刑事事件の手続を簡単に説明することにしました。

続いて検討したのは、授業の本題部分であり、正当防衛の要件の1つである「相当性」の有無を考えるところです。

正当防衛には複数の要件が存在し、それらが全て充たされない限り正当防衛は認められません。つまり、「相当性」以外にも正当防衛の要件

は存在するということです。そこで、まずは正当防衛の条文を示し、そこから正当防衛の要件を読み取る作業をやってみることにしました。

法律は、具体的な「条文」の形で作られています。したがって、法律の解釈は、条文の「言葉」の解釈という方式を取ります。ですから、何よりもまず法律の条文をきちんと読むことを重視しました。次いで、どのような事実があればそれぞれの要件が充たされるのかを簡単なＱ＆Ａ方式で考えることにしたのです。

法律の条文を具体的に見てみましょう。正当防衛は、刑法第36条に定められた制度です。下記の通り、この刑法第36条は、2つのパートから成っています。

> 第36条　急迫不正の侵害に対して、自己又は他人の権利を防衛するため、やむを得ずにした行為は、罰しない。
> 2　防衛の程度を超えた行為は、情状により、その刑を減軽し、又は免除することができる。

パワーポイント①

条文の読み方ですが、第1は、「急迫不正……罰しない」という部分で、これを「1項」と呼びます。第2は、「2」と書かれた横の「防衛の程度を……できる」という部分で、これは「2項」と呼びます。ここで問題とすべきは「1項」です。まずは、この刑法第36条1項の条文より、正当防衛の成立要件を読み取ってみようというのが、授業での試みです。なお、授業で問題とする「相当性」要件が条文のどこに書かれているのか、疑問に感じられる方もおられると思います。実は、条文中の「やむを得ずにした行為」とは「反撃行為が侵害に対する防衛手段として相当性を有するものであることを意味する」と述べた最高裁判所の判決（最高裁昭和44年12月4日判決）があります。この判決に基づいて、「相当性」要件が一般的に承認されています。

続いて、検討する具体的な刑事事件の中身を考えることにしました。

事件は、リアリティを持って取り組めるよう、過去に実際に発生した事件をベースに、改変を加える形で作ることにしました。そこで、昭和62年9月17日の千葉地方裁判所判決の事実関係をベースに作りました。生徒が事件を検討するときに考えやすいよう、「作業シート」を用意し、考える手順をこちらで誘導する方法を採用しました。この「作業シート」は、実物を後の図②で示しますが、選択肢の中から自分の考えにあてはまるものを複数選んでもらった上で、それらを指示に従って整理してもらうスタイルになっています。考える手順をこちらで指し示して混乱を防止すると同時に、争点をはっきりさせて効率的に議論できるように配慮しました。

　それから、生徒の意見表明を交えながら、まとめとして一応の考えるべきポイント、つまり「相当性」の有無を考えるに際し重要と考えられているポイントを話します。無論、最終的な判断は1人ひとりに委ねられることになるということは幾度も強調することになります。

　このようにして私たちの授業が出来上がったわけですが、以下では、その授業の具体的な模様をご紹介します。

2 授業の模様

(1) イントロダクション
　　(ⅰ) 授業への導入
　　(ⅱ) 刑事裁判手続の簡単な紹介
(2) 「事件」を追う
　　(ⅰ) 授業で扱う「事件」の紹介
　　(ⅱ) 今回の「事件」で成立し得る犯罪の確認
(3) 正当防衛とは？
　　(ⅰ) 正当防衛に関する法律の条文を示す
　　(ⅱ) 法律の条文に書かれた意味の解説

> ～休憩（10分）～
> （4）生徒同士のディスカッション
> （5）「事件」を解き明かす
>   （ⅰ）生徒の意見表明、対立点の明瞭化
>   （ⅱ）法律的な問題点の解説
>   （ⅲ）過剰防衛
> （6）総括

（1）イントロダクション

（ⅰ）授業への導入

　はじめに、導入を行います。
　「早速ですが、ちょっといくつかお聞きしたいと思います。今日参加してくれたみなさんが、どれだけ刑事裁判のことについて知っているか教えてください。」
　「社会見学とかで裁判所に行ったことがある人はいますか？」
　「実際に生の裁判を見たことがある人はいますか？」
　「将来弁護士や裁判官や検察官など、法律に関係のある仕事についてみたいと思っている人はいますか？」
　などの質問によって、まずは、生徒自身の関心や抱いているイメージを確かめると同時に、話に引き込んでいきます。
　そして、「今日は、皆さんに、実際に刑事事件の裁判を体験してもらいます。」との言葉で本論へ誘います。最終的に、私たちの用意した事件について被告人の有罪・無罪を考えてもらうことになりますので、それを見据え、このようなイントロダクションを述べました。授業は次に進みます。

（ⅱ）刑事裁判手続の簡単な紹介

　刑事裁判のイメージを深めるために、刑事裁判の手続を簡単に紹介し

ます。ここで、「捜査」・「起訴」・「公判」という3つのプロセスを紹介します。

　第1は、「捜査」です。捜査とは、警察官や検察官などが事件について調べて、犯人を探し、事件の証拠を収集することをいいます。場合によっては、犯人として疑われる「被疑者」を「逮捕」することもあります。法律（刑事訴訟法）では「逮捕」は、犯人として疑われる人が逃亡したり証拠を隠滅したりするおそれがある場合に、それを防ぐために身柄の拘束することを意味します。時折誤解を呼ぶところではありますが、「悪い人を捕まえて隔離しておく」ためのものではないということも話します。ついでに、刑事訴訟法の世界では、犯人として疑われる人は（「容疑者」ではなく）「被疑者」と呼ばれること、刑事裁判にかけられた人は（「被告」ではなく）「被告人」と呼ばれることも話します。法律の授業ですから、日常の中で曖昧に用いられている法律認識や法律用語について、厳密なところを知ってもらおうという趣旨です。

　第2は、「起訴」です。ここでは、検察官が被疑者を裁判にかけるということ、検察官の裁量次第で起訴しないことがあり得ることを話します。

　第3は、「公判」です。これは法廷で行われるもので、サスペンスドラマ等でよく見る裁判のシーンは、この「公判」に当たります。公判とは、公開の法廷で裁判を行うことです。検察官は、被告人が犯罪を行ったということを立証します。逆に弁護人は、被告人の無罪判決を勝ち取ること、あるいは、被告人の刑罰が不当に重くならないよう弁護を行います。最後に裁判官が「判決」を言渡すのです。

(ⅲ) 裁判員制度の簡単な紹介

　次に、裁判員制度の紹介を行います。裁判員制度のマークやキャラクターを用いながら、クイズ形式で話を進めます。

　裁判員制度とは、私たち国民が、裁判官と一緒に刑事裁判に参加して、被告人が有罪か無罪か、有罪の場合どのような刑にするのかを決める制度です。裁判員に選ばれる確率としては、概ね、愛知県では年間約

263人に1人（明和高校1学年の生徒のうち、約1人）、東京都では年間約267人に1人（早稲田大学高等学院1学年の生徒のうち、約2人）が裁判員に選ばれ得ることになります。具体的な数値を示すことで、裁判員制度のリアリティを感じてもらいます。授業はさらに進みます。

(2)「事件」を追う
（i）授業で扱う「事件」の紹介
　続いて、授業で検討の対象とする事件を、丁寧に眺めてみます。後の、事件に関する議論が盛り上がるかどうかは、ひとえに生徒が事件のイメージをどこまで頭の中に描き出せるかにかかっています。ここで、私たちが作成した事件の内容を見てみます（以下に実際に配布したプリントを掲載します）。

　これが授業で扱った事件です。事件の事実関係をきちんと把握するためプリントの読み合わせを丁寧に行うのみならず、私たちが簡単に実演形式で事件を再現することを行いました。なお、登場人物の名前は、訪問校にちなんで付けました。

　事件の事実関係を確認すると、明子がこの事件で有罪だと思うか無罪だと思うかを聞きます。まだ専門的なことは何も話していませんから、直感で答えてもらいます。このときの有罪：無罪の割合は、明和高校では17：16、早稲田大学高等学院では13：9でした。

　次に罪名の話として、仮に明子が有罪であるならば、一体どんな罪になると思うか、生徒に尋ねます。私たちが想定していたのは「殺人罪」「傷害致死罪」ですが、「過失致死罪」という意見も生徒より出ました。

　次に、仮に明子が無罪であるならば、その理由としてどのようなものが考えられるかを聞きます。私たちが想定しているのは「正当防衛」ですが、これはすぐに出ました。やはり、よく知られた言葉のようです。

第3章　ある日、男性に絡まれた女性・明子「やめて！」と男性を突いたら大変なことに……どうなる、明子？

> 登場人物
>
> 明子：OLの女性、黒髪のロングヘア、28歳、身長は160cm、体重47kg
> 和夫：サラリーマンの男性、50歳、身長は175cm、体重64kg
>
> 事件の概要
>
> 　平成20年2月29日(金)の午後10時半頃、仕事帰りの明子は、東京都内の京浜東北線の電車に乗っていました。明子は席に座り本を読んでいたところ、突然酔っ払いの男、和夫がからんできました。和夫は、週末ということで、仕事帰りに上司と酒を飲んできた帰りでした。
> 　急にからまれた明子は、びっくりして何もできないでいると、和夫は明子に対し、「答えなさいよ〜」などと因縁をつけてきました。そのとき、運よく明子が乗り換える駅に着いたので、明子は和夫を無視して電車を降り、向かい側のホームで山手線の電車を待つことにしました。しかし、和夫も電車を降りてきて、明子の後をついてきて、「バカヤロー！」などとよく意味のわからない言葉を繰り返してきました。
> 　明子は仕事帰りで疲れていたため逃げるのを諦め、和夫を無視してホームで電車を待っていましたが、和夫が「すましてんじゃねぇよ！」などと言いながら明子の頭を叩いたので、不快に思った明子は和夫を追い払おうと和夫の肩を両手で軽く押しました。和夫は、不意に押されたために数歩後ずさったのですが、なおも明子に近寄ってきて、今度は「こっち向けよ！」といいながら、和夫は右手で明子の左側の髪の毛を掴んで引っ張りました。このとき、和夫と明子の距離は50cmほど開いており、和夫のしつこい態度に腹がたった明子は、「やめて！」といいながら、曲げた右手を前に突き出す形で、手のひらで和夫の左肩を押しました。和夫は明子に押された勢いと、酔っていたので足元がおぼつかなかったことが手伝って、そのままふらふら後ろに後退してホームから転落し、そのとき進入して来た電車の車体とホームの間に体をはさまれ重傷を負いました。

第2編 | 事例集

和夫は救急車で運ばれましたが、搬送先の病院で死亡が2日後に死亡しました。明子は、まさか和夫が死ぬとは思っていませんでした。また、このために山手線の運行ダイヤが大幅に乱れました。

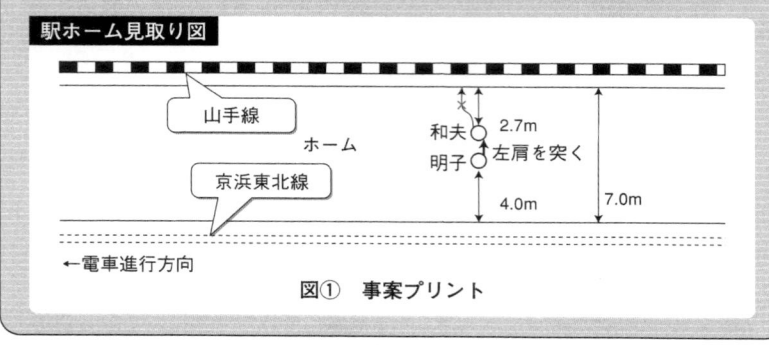

駅ホーム見取り図

山手線
京浜東北線
ホーム
和夫　2.7m
明子　左肩を突く
4.0m　7.0m
←電車進行方向

図①　事案プリント

（ii）今回の「事件」で成立し得る犯罪の確認

生徒より「殺人罪」「傷害致死罪」といった犯罪の名前が挙げられたところで、それぞれの犯罪の法律の条文を眺めてみます。以下は刑法の条文です。

> 第199条　人を殺した者は、死刑又は無期若しくは5年以上の懲役に処する。
> 第205条　身体を傷害し、よって人を死亡させた者は、3年以上の有期懲役に処する。

この2つの犯罪は、いずれも、他人に危害を加えて死に至らしめることを内容とするものです。では、この2つの犯罪の違いは何でしょうか？　ヒントは、第199条の「殺した」に対応する部分が、第205条ではどのようになっているかという点です。

生徒より、すぐに「殺意」の有無が異なるとの意見がありました。その通りです。同じ、他人に危害を加えて死に至らしめることを内容とする犯罪であっても、「殺意」のある場合の方が重く処罰されることを生

徒に知ってもらいます。今回の事件では、「明子は、まさか和夫が死ぬとは思っていませんでした。」との記述があるため、殺人罪は成立しないという前提で次に進みます。

なお、殺意は、犯罪成立要件の1つである「故意」にかかわるものです。「故意」はメディア等でたびたび話題になりますが、殺人罪について述べれば、人を殺す意思である殺意の有無により、殺人罪が成立するか否かが変わってくることになります。

(3) 正当防衛とは？
(ⅰ) 正当防衛に関する法律の条文を示す

次に、犯罪が成立しない場合としての「正当防衛」について、改めて考えます。考えるにはまず条文から出発ということで、刑法第36条1項の条文（パワーポイント②）を生徒に読んでもらった上で、以下のように条文を4つのパートに分解（パワーポイント③）し、個々の意味を説明します。

(ⅱ) 法律の条文に書かれた言葉の意味の解説

続いて、スライドに記した①～④の意味を説明します。本番の授業では①～④について、順番に説明しました。本稿では、紙幅の関係で、事件の検討との関係で重要な④「やむを得ずにした行為」についてのみ述

刑法36条（正当防衛）
1　急迫不正の侵害に対して、自己又は他人の権利を防衛するため、やむを得ずにした行為は、罰しない。
2　防衛の程度を超えた行為は、情状により、その刑を減軽し、又は免除することができる。

パワーポイント②

刑法36条第1項
①急迫不正の侵害に対して、
②自己又は他人の権利を
③防衛するため
④やむを得ずにした行為は
↓
「罰しない」（＝犯罪にならない）

パワーポイント③

第2編 事例集

作業シート

> 今日の事件では……（まとめ）
>
> | 正当防衛不成立 | 正当防衛成立 |
> |---|---|
> | ＝有罪（傷害致死） | ＝無罪 |
>
> ①急迫不正の侵害に対して、→OK
> ②自己又は他人の権利を→OK
> ③防衛するため→OK
> ④やむを得ずにした行為（相当性）
> 　→？？？？

今回の事件で明らかになった事実は以下の通りです。
(A) 明子（28歳、右利き）の身長は160cm、体重は47kgである。和夫（50歳）の身長は175cm、体重は64kgで、明子とは体格差がある。
(B) 明子は、5分程度和夫につきまとわれた。
(C) 明子は、周囲に助けを求めなかった。
(D) 明子は、和夫に髪を引っ張られた。
(E) 明子は、右腕をまげて、前に突き出す形で、手のひらで和夫の左肩を突いた。
(F) (E)の結果、和夫は足元がおぼつかなかったことも手伝い、ホームから転落した。
(G) 和夫は酔っぱらっていた。
(H) 和夫の立ち位置からホームの端までの距離は、一番短いところで2.7mだった。
(I) 和夫は死亡した。
(J) 駅員は、当時近くにいなかった。
(K) 電車内及びホームには乗客が多数おり、明子と和夫のことに気づいていた。
(L) 山手線の電車は、5分に1本のペースで駅に到着する。
(M) 今回の事件により、山手線の運行ダイヤが大幅に乱れ、2万人に影響が及んだ。
(N) 和夫の妻、子供（2人）はとても悲しんだ。

以上の事実を元に、明子の行為が、「やむを得ずにした行為」といえるか（相当性があるか）を考えてみよう。
＊相当性とは、侵害行為と反撃行為の、バランスがとれていることを意味します。

図② 作業シート

第3章　ある日、男性に絡まれた女性・明子「やめて！」と男性を突いたら大変なことに……どうなる、明子？

作業シート

作業1
A～Nの事実を、①相当性を肯定する方向にはたらく事実、②相当性を否定する方向にはたらく事実、③どちらでもない事実に分類し、アルファベットを下の票に記入して下さい。

相当性を肯定する方向にはたらく事実	相当性を否定する方向にはたらく事実
どちらでもない事実	

作業2
記入したアルファベットのうち、結論を出すにあたり特に重視したものを○で囲ってください（複数可）。

作業3
明子の行為は「やむを得ずにした行為」といえるでしょうか（相当性があるといえるか）。どちらかに○をしてください。

　　　　　　　　　　　相当性あり　・　相当性なし

＊参照条文
刑法第36条（正当防衛）
1　急迫不正の侵害に対して、自己又は他人の権利を防衛するため、やむを得ずにした行為は、罰しない。
2　防衛の程度を超えた行為は、情状により、その刑を減軽し、又は免除することができる。

刑法第205条（傷害致死）
　身体を傷害し、よって人を死亡させた者は、3年以上の有期懲役に処する。

べることにします（①～③については、「4. 解説」の項で説明を補足しています）。

④「やむを得ずにした行為」は、過去の最高裁判所の判決が「急迫不正の侵害に対する反撃行為が、自己または他人の権利を防衛する手段として必要最小限度のものであること、すなわち反撃行為が侵害に対する防衛手段として相当性を有するものであること」を意味すると述べており、これが一般的に承認されている解釈です。

このように、刑法第36条1項の解説を行い、それを踏まえて今回の事件を考えます。今回の事件では、①～③の要件は充たされていると考えられるので、その理由を簡単に説明してから、最後の④について生徒に考えてもらいます。つまり、今回の事件で、明子の行為につき、防衛手段としての「相当性」があるかないかを議論してもらうことになります。

なお、本番の授業ではここまで50分程度でした。高校の授業は50分1単位ですから、丁度ここで一旦休憩を入れます。この段階で、休憩明けに取り組んでもらう、作業シート（図②が実際に配布したプリントです）を配布します。

（4）生徒同士のディスカッション

休憩後は、配布した作業シートに基づき、生徒に作業に取り組んでもらいます。4～5名ごとにグループを組み、まずはグループ内で話し合い、時には相手を説得し合いながら、意見をまとめてもらいます。

意見がまとまったら、前に板書してもらいます。

議論は20分を予定していましたが、本番では生徒が盛り上がり、明和高等学校においては25分、早稲田大学高等学院においては35分の時間を割くことになりました。生徒はみんな積極的に考え、話し合い、時には自分たちで実際に事件を再現してみせながら、それぞれの立場で議論を戦わせていました。時々、私たちが意見を聞き、場合によっては「この点についてはどう思うか？」「この点は考えなくてよいのか？」な

どの誘導を行って、うまくグループ内での議論が盛り上がるように調整をしました。

(5)「事件」を解き明かす
(i) 生徒の意見表明、対立点の明瞭化

ディスカッション・タイムが終わると、まずは、各グループより意見表明をしてもらいます。作業シートは、「結論」「理由」を記号で答える形になっていますので、作業シートの質問に対する回答を各グループに板書してもらって、グループごとの意見の対立点を整理し、明らかにします。

実際に授業を行った際も、生徒の意見は大きく分かれました（参考までに、早稲田大学高等学院において生徒に板書をしてもらったものが次の図③です。ご覧の通り、かなり意見が分かれています）。

	1班	2班	3班	4班	5班	6班
結論	なし	あり	なし	なし	あり	あり
肯定	BDEH	ABDH	ABDG	空欄	BDEJK	BDEG
否定	CFGI	CIJK	CEFHIL	BCDI	空欄	I

※結論…あり＝相当性あり（無罪）、なし＝相当性なし（有罪）
　肯定…作業シート中、相当性を肯定する根拠となる事実のうち、特に重要なもの
　否定…作業シート中、相当性を否定する根拠となる事実のうち、特に重要なもの

図③　早稲田大学高等学院で実施した際の生徒の意見

(ii) 法律的な問題点の解説

論点は、明子の反撃行為に防衛手段としての「相当性」が認められるか否かでしたが、法律学の世界で、「相当性」判断のポイントと一般にされている3つのポイントを話します。以下、作業シート左側記載の記

第2編｜事 例 集

号を（　）で示しつつ、本文の記述を進めます。
　説明に先立ち、まずは、「答えは1つではない」という話をすることにしました。「1つの物事でも、見方が分かれうる」——法律は得てして正解の存在しない（一応の「落としどころ」がある場合でも、それは絶対ではない）問題を扱っている——ことを明らかにし、議論の必要性を訴えます。そして、「相当性」判断のポイントを解き明かしますが、そのとき、各グループが板書に示した意見について、理由を聞いて意見表明を求め、時には生徒同士を議論させながら進めます。
　「相当性」の有無に関する判断のポイントとは、次の3つです。
　①偶然の結果は重要ではなく、あくまで反撃行為自体の強度が重要であること。今回の事件であれば、明子が和夫を突いたその強さ（E）自体がポイントなのであり、「死亡」（I）という結果そのものは「相当性」の有無に影響を与えないことになります。偶然に重大な結果が発生したために正当防衛が成立しなくなるのでは、正当防衛を行うことを躊躇することになるからです。この点については、生徒からも、「偶然の結果を、もともとは被害者ともいうべき明子に背負わせるのはひどい」という鋭い意見がありました。
　そして、侵害行為の程度（強さ）と反撃行為の程度の間のバランスが重要ですから、明子が髪を引っ張られた（D）のが、和夫に5分も付きまとわれた（B）末のことであるという点は、明子に対する侵害行為の程度が激しいことを現しています。生徒からも、「女性の命である髪を引っ張るなんて！」と、和夫の攻撃はかなり強いものであったという意見が出ました。この意見を前提にすれば、明子の反撃行為の程度は多少強いものであっても許容されるでしょう。私たちはこのように説明しましたが、生徒より、「酔っていない人に絡まれる方が、相手の害意が明らかな分だけ危険が大きいから、侵害行為の強度が大きい。」との意見もありました。
　また、和夫が酔っていること（F・G）、頻繁に電車が入ってくる駅で

あること（L）等を考慮に入れた生徒もいました。具体的には、「酔っている人を押すと、足がふらついて線路に転落しやすいのだから、酔っている人を押すと『相当性』が否定されやすい」「いや、酔っていた和夫が悪い」といった意見などがありました。和夫を突いた場所からホームの端までの「2.7m」という距離（H）も、遠いと見るか近いと見るか、意見が分かれたところです。

　②侵害者への危害（ダメージ）が一番少ない防衛方法を採らなければならないわけではありません。ここでは、明子が「助けを求める」という選択をすれば、和夫への危険が少なかったのではないかが問題になります。生徒の間でも「明子は助けを求められたのではないか」（C）、「助けを求めても、周囲の人も危害を恐れて、助けには入ってくれないから、結局明子は助けを求められなかったのではないか」（K）、「駅員には助けを求めることができても、一般の人には助けを求められない」（J）など意見が分かれました。結局のところ、助けを求めないからといって、その事実だけをもって直ちに「相当性」が否定されるわけではありません。正当防衛は危険の迫っている状況下で行われるものである以上、身を守るベストな手段を冷静に考えることは困難だからです。

　③相手と自分の体格、性別、年齢、力、人数なども重要です（A）。力のある相手に対しては、それだけ強い防衛手段をとらなければ防衛の効

もし相当性を否定する場合
反撃行為の相当性が認められない場合、有罪。しかし…
↓
刑法第36条2項
防衛の程度を超えた行為は、情状により、その刑を減軽し、又は免除することができる。

パワーポイント④

最期に…
・裁判員制度では、私たち1人ひとりのオリジナルな「物の見方」「感覚」「発想」が期待されている！
・1人で「裁く」のではない！
・今日の出張教室を機に、法律に興味を持っていただければ幸いです!!

パワーポイント⑤

果をあげることができないからです。

　なお、作業シート中の（M）（N）は、「相当性」とは関係ない事情といえるでしょう。生徒も同意見だったようです。

(ⅲ) 過剰防衛

　以上の説明により、正当防衛の「相当性」要件の有無に関する議論を終えます。ところで、仮に、ここで明子が有罪としても何か釈然としない……多くの生徒がそう考えたように思います。そこで、最後に、仮に明子が有罪であっても、刑法第36条2項（パワーポイント④）に従い、刑の減軽（刑罰が減る）・免除（「前科」は付くが、実際に刑罰は科さない）の可能性があることを説明します。

(6) 総　括

　最後に、授業を終わるにあたってのメッセージを伝えました。そのメッセージとは、「多角的に考えてみよう」ということですが、このことを、詳しく話しました。内容は、上記スライド（パワーポイント⑤）に記された通りです。

　1人ひとりが自分自身の「物の見方」「感覚」「発想」に基づいてしっかりと考えることが大切であること。相互に議論することで各自が新たな考え方を発見し深め合えば、きっと適切な結論に辿り着けること。これが、私たちが重要だと考えていることです。また、私たちが普段学んでいる法律に、ぜひ多くの方が興味を持ってくれたら嬉しいと述べて、授業は完結します。

3 授業を終えて

　授業の最後に、私たちが考えていたメッセージを伝えたわけですが、授業後のアンケートを読む限り、メッセージは生徒に十分に伝わっていたようで、非常に嬉しく感じました。あるいは、生徒にとっては、すで

に十分承知の内容であったのかも知れません。

　私たち自身、予想もしなかった意見や考え方と触れ合うことができ、勉強になりました。特に、酔った人に絡まれるのと、酔っていない人に絡まれるのといずれがより危険かの議論の中で生徒より「酔っていない人に絡まれる方が、相手の害意が明らかな分だけ危険が大きい」という意見は、準備の段階では想定しておらず、私たちに欠けていた新たな視点を加えてもらいました。私たち自身、法律を学び始めた頃の新鮮な感覚というものを思い出させてもらったように感じます。

　「出張教室」に参加してくれた生徒は、大学の法学部進学希望者ばかりとは限りません。理系の学部を目指している生徒、経済学を専攻してみたいという生徒、文学に興味のある生徒と様々でした。法学部に進学しないのであっても、今回の出張教室が何らかの参考になったとすれば、私たちの活動は十分に意義があったと思います。

　なお、アンケートの中で、生徒がどんな法律問題に関心があるかも聞きました。すると、明和高校では、名古屋拘置所が目の前にあることから、死刑制度に関心があるとの回答が多くありました。「現場」が近くにあるからこそ培われた問題意識の深さに、問題のリアリティをしっかりと掴んだ上で考えることの大切さを改めて感じた次第です。

4　解　説

　最後に、法律的な議論について若干の補足をします。正当防衛の「相当性」判断のポイントは既に述べましたので、その他の正当防衛の要件3つについて、なぜ今回の事件ではそれらが充たされているといえるのかを簡単に説明します。

　①「急迫不正の侵害に対して」とは身の危険が迫っており、それに対して防衛行為が行われることを意味しています。今回の事件では、和夫が明子の髪を引っ張ったことが「急迫不正の侵害」に当たり、それに対

して明子は「突く」という反撃行為を行っているので、この要件は充たされます。

　②「自己又は他人の権利」とは、法律が保護している一定の利益が侵害されそうであること（または侵害されている最中であること）を意味します。法律上、「○○権」と明示されている必要はありません。法律が保護している利益であればよいのです。なお、自分以外の他人のためにする正当防衛も有効であるというのは1つのポイントです（今回の事件とは関係ありませんが）。髪は身体の重要な一部であり、それを引っ張られるのは十分に法律が保護する利益の侵害であるといえます。

　③「防衛するため」とは、防衛に名を借りて積極的に攻撃を加えた場合に、正当防衛の成立を否定するための要件です。今回の事件のように、単に憤激していたり、逆上したりするだけでは、この要件の存在は否定されません。

　以上が、法律的な議論に関する補足となります。

文責：小林有斗

第4章

児童虐待
助けなかった母親は有罪か？

実施校	香蘭女学校 高校3年生　約20名　120分 筑波大学附属駒場高等学校 高校2年生の希望者　約25名　120分
授業形式	ディスカッション60％・意見発表15％・説明25％
主な事例	花子は前の夫との間の一人息子である健太と、当時恋愛関係にあった太郎との3人で同棲していた。太郎は、健太に対して日ごろから暴力を振るっていたが、ある日、エスカレートした太郎の暴力によって健太は死んでしまう。その際、花子は隣の部屋で見て見ぬ振りをしていた。健太を助けるための行動を何もしなかった花子は、有罪か。

1 授業に向けて

題　材	児童虐待事件における傍観者の刑事責任
ねらい	「道義的には悪いかもしれないが、法律的な責任を負わせよいのか」を考えてもらうことを通じて、法律の奥深さ、面白さを知ってもらう。

(1) 題材選び

　私たちがまだ法律の勉強に取り組む以前のことを振り返ってみると、法律に対しては、頭が固くて、融通がきかないもの、というくらいのイ

メージしか持っていなかったように思います。

　そのイメージは、今でも完全に払拭されたわけではありませんが、少なくとも勉強を始めたときと違って、一見すると頭が固いだけのようでも、その背後には様々な考慮が働いていることを知りました。確かに、法律には杓子定規な部分もありますが、文言の解釈によって柔軟な解決を行えることも多々ありますし、線引きを明確にして安定性を保障するために、あえて杓子定規な解決を選択している場合もあります。杓子定規だと敬遠しないで、その背後にある理由を考えてみると、法律は結構奥深くて、面白いものでした。

　私たちが法律の授業を作るにあたって目標にしたのは、まさにそのような、法律の奥深さ、面白さを伝えることです。法律の授業というと、法律は守るべきだという道徳的なメッセージが先行しそうですが、私たちはそこには立ち入らず、純粋に法律について興味をもってもらうことを目標にしました。

　法律に初めて触れるような生徒たちに対して、一日限りの授業の中で、法律の奥深さ、面白さを知ってもらうというのは、かなり難しいことに思えましたが、それでも、チャレンジしてみようということになりました。

　ところで、法律に対して頭が固いと感じるのはどんなときでしょうか。私たちは、新聞やニュースで、特に刑事事件の判決を見るときに多いのではないか、と考えます。おそらく、ひどいことをした被告人が、無罪になったり、軽い刑になったりするニュースをみたときに「おかしい」と考えたことがある人は多いのではないかと思います。

　しかし、よく考えれば、道義的に悪いということと、法律的に責任を負うべきだということとの間には差があるはずです。法律上有罪ということになれば、刑務所に入ることになったり、前科がついたりと、その人の一生が狂わされます。道義的には悪くても、一生を狂わされて当然だとまでは思えない場合も少なからずあるでしょう。

この例が示唆するのは、刑罰を科すということの重大性が、道義的責任と法律的責任との間にずれを生じさせる原因の1つになっているということです。それは、言葉を換えれば、法律的に考える際には、道義的に悪いかどうかとは別に、刑罰を科すことの重大性を考える必要がある、ということです。
　そこで、「道義的には悪いかもしれないが、法律的にも責任を負わせてしまってよいのか」ということを考えることは、法律の背後にある考慮を考え、ひいては法律の奥深さ、面白さを知ってもらえるだろう、と私たちは考えました。
　「道義的には悪いかもしれないが、法律的にも責任を負わせてしまってよいのか」を考えさせる授業をするために、私たちが題材に選んだのは、実際に起きた、ある幼児虐待の事件でした。その事件では、同棲相手の虐待がエスカレートして子どもを死なせてしまったその現場で、暴行を止めずに傍観をしていた母親の罪が問われました。
　実の息子が死ぬかもしれないというときに見て見ぬふりをしていた母親は、道義的には悪いと言えそうです。しかし、実際の裁判はそう容易には結論が出されず、一審で無罪、二審で有罪（確定）、という経緯をたどりました。私たちは、裁判官ですら判断がわかれる複雑な事案を扱いながら、法律の背後にある考慮を考えてもらうことにしました。

(2) 授業づくり

　目標と事例が決まったところで、授業の大まかな流れは、①まずは、母親が道義的に悪いかどうかを法律に関係なく考えてもらい、②次に、母親を法律的に有罪とすべきかを考えてもらう、と決まりました。
　ここでふと、法律的に考えるというのはどういうことだろうか、という疑問が生じました。これまで私たちがやってきた法律の勉強では、ある法律上の問題の処理について、まずA説、B説、あるいはC説といった説の対立があって、それらの比較をすることが中心でした。しかし、

それが法律的な考え方かというと、どうも違うような気がします。少なくとも、法律に初めて触れる生徒たちに、いきなり「A説とB説とC説とどれが一番妥当かな？」といっても、法律の奥深さ、面白さを知ってもらうことはできないように思いました。

では、何が法律的な考え方か。私たちは手探りで議論を重ねるうちに、「様々な価値に重みづけをして比較すること」が法律的な考え方の1つなのではないか、と考えるに到りました（なお、「価値」といっても多義的ですが、ここでは、考え方、視点といった意味で使っています）。

先程の児童虐待の例でいえば、悪いことをした人は処罰しなければならないという価値と、刑罰は重大な影響をもつから限定的に科さなければならないという価値とは、等しく尊重すべきものです。しかし、裁判では、有罪か無罪か、どちらかに結論を下さなければならないのですから、「どっちも大事」では終われません。当該事件ではどちらの価値を優先させるべきか、判断する必要があります。

そこで、存在する様々な事情を基に価値の重みづけをして、それらを比較することになります。たとえば、母親は唯一子どもを守れる立場にいた、という事情は、子どもの生命が重要だという立場からは、処罰すべきという価値の重みづけをより大きくします。他方で、母親も暴力を受けていたという事情から、母親には子どもを助けることが著しく困難だったと言えれば、刑罰は限定的に科すべきという価値の重みづけがより大きくなります。

価値に重みづけをして比較するというのは、レトリックにすぎないのかもしれませんが、それを通じて、様々な価値に配慮した上で結論を下すことができます。法律は利害を調整する道具ですから、それぞれの主張する価値に配慮するということが重要になってくるのでしょう。

ところで、様々な価値に重みづけをして比較するためには、「処罰しなきゃだめだ」という視点から事件を眺めることと、「処罰するにはいたらない」という視点から事件を眺めることの両方を実践してみる必要

があります。それは習うより慣れろで、生徒たちが自分でやってみなければ身に付きません。

そこで、私たちは、ディスカッションを重視して、できるだけ自分で考え、自分で言葉にしてもらうような授業を作ろうと考えました。そして、私たちの堅苦しい説明は極力少なくして、生徒たちが楽しく自由に話せる時間をたっぷりととりました。

ただし、ただのおしゃべりになってしまっては意味がないので、ディスカッションのやり方には様々な指示を与えました。有罪側・無罪側の立場をあらかじめ決めて議論させたり、こまめに制限時間を決めて議論を区切ったり、有罪側と無罪側の意見交換では数分ごとに主張する側を交代させて、相手の時間には発言を禁止したり、などです。こうした工夫によって、主張と反論とがきちんと噛み合うようにしました。

2 授業の模様

（1）イントロダクション——事案紹介
（2）道義的責任の考察
（3）法律的責任の考察　Part 1
（4）解説
（5）法律的責任の考察　Part 2
（6）スピーチ
（7）判例の紹介
（8）まとめ

（1）イントロダクション——事案紹介

午後1時。昼下がりの教室を、生徒たちの喧騒が埋めました。午前中からその教室で準備をしていた私たちは、その空気の変化に驚きながら

も、「とうとうこの日がきたな」ということを感じながら、生徒たちに語りかけました。

「はじめまして。今日はみなさんに法律の考え方に触れてもらおうということで、東京大学の法科大学院からやって来ました。

これからみなさんには、実際に起きた事件を素材に、法律的な考え方、とらえ方というものを体験してもらいたいと思います。みなさんの意見を聞きながら授業が進んでいきますので、恥ずかしがらずに、積極的に意見を出してみてください。」

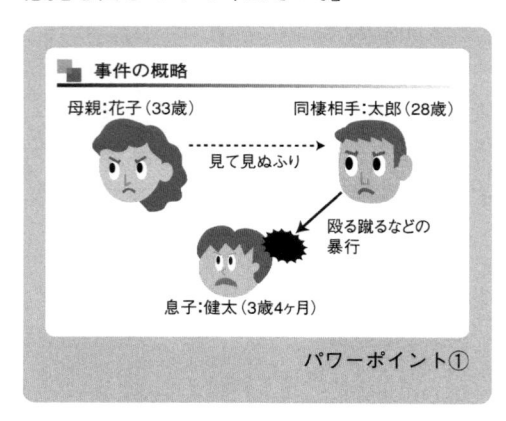

「それでは、今日扱う事件を紹介します。まずはパワーポイントを見ながら、事件の概要を簡単に整理しましょう。

今回の事件の被告人、花子（33歳）には、前の夫との間に一人息子である健太（3歳4ヶ月）がいました。花子は5歳年下の太郎（28歳）と恋愛関係にあり、3人でアパートの一室に住んでいましたが、その生活は円満なものではなく、太郎は健太に対して日ごろから暴力を振るっていました。そして、ある日、太郎の暴力がエスカレートして健太を死に至らしめてしまいます。その際、花子は暴行現場にいながら、隣の部屋でお米をとぎながら見て見ぬ振りをしていました。刑事裁判では、太郎に傷害致死罪が成立するとなりましたが、それとは別に、花子が同罪の幇助犯になるかが争われました。」

「大まかなイメージがつかめましたか。今度は、さらに詳しい事情をプリントでみてみましょう。今日の授業では何度もこのプリントに戻ってきますので、じっくり読んでくださいね。」

第4章 児童虐待 助けなかった母親は有罪か？

配布資料1

事件の説明

事件の概要

花子（33歳）―― 同棲 ―― 太郎（28歳）
母親

健太
花子の息子
3歳4ヶ月
← 暴力

事件の詳細な事情

〈事件発生時の事情〉
①健太は十分に食事を与えられていなかったために、やせ細って弱っていた。
②太郎は、健太が自分のことをにらんだことに腹を立て、健太の顔面を平手と拳で数回殴打した。
③健太はその間も太郎をにらみつづけていたが、数回目の殴打の直後、突然短い悲鳴を上げて倒れた。
④太郎は花子が見ている前ではやりづらいため、隣の部屋で健太を殴打していた。
⑤花子は悲鳴を聞いて慌てて現場に向かったところ、健太は太郎に抱きかかえられてぐったりしていた。
⑥花子と太郎は、すぐに健太を車に乗せて病院へ向かった。
⑦健太は病院で手術を受けるも、事件から約6時間後、くも膜下出血等の傷害により、死亡した。
⑧花子は、事件の当日、太郎が健太に暴力をふるっていることを認識していた。
⑨花子は、健太の命に危険があることも認識していた。
⑩花子は、アパートで太郎と同棲しており、健太の他に同居人はいなかった。

〈補足説明：花子らの日常生活に関する事情〉
⑪太郎は、健太に対し日頃から顔面を平手や拳で殴打するなどの暴力をふるっていた。
⑫花子も、太郎から頬や肩を殴られるなど日頃から暴力をふるわれており、太郎に恐怖感を抱いていた。
⑬花子は、太郎の子を妊娠していた。
⑭太郎は花子が妊娠中であることを知っており、花子に暴力をふるうときは、お腹は避けるようにしていた。
⑮太郎が暴力をふるっているのを花子が見ていたら「何見ているんだ」と太郎に怒鳴られたことがあった。
⑯花子は実母方に逃げる機会があったにも関わらず、太郎への愛情があり、離れたくないという気持ちから自ら太郎のもとに留まっていた。
　…→花子に、傷害致死罪の幇助（ほうじょ：手を貸した、容易にした）犯が成立するか？

生徒たち1人ひとりにプリントを配り、読み上げました。

なお、資料に記載されている事情は、裁判の判決（釧路地裁平成11年2月12日判決、札幌高裁平成12年3月16日判決）で裁判所が言及した事実を私たちがピックアップし、名前・年齢・家族構成を変更した以外は、ほぼそのまま紹介しています。

（2）道義的責任の考察

「それでは、まずは皆さんの直感を聞いてみたいと思います。花子は健太を助けるべきだったと思いますか？　ひとまずは法律がどうかということは考えなくてもいいので。」

ここで、「助けるべきだったか」という抽象的な聞き方をしたのには、理由があります。生徒たちに考えてほしいのは、健太の助けに入らなかったことは道義的に悪いといえるかどうかです。しかし、悪いという、規範性の高い言葉を使うと、生徒たちにとっては議論がしにくいかと考えました。そこで、「助けるべき（だったのに助けなかった）＝道義的に悪い」と捉えて、「助けるべきだったか」という聞き方をしました。

さすがに、いきなりの質問ではなかなか答えづらいのでしょう。手を挙げる生徒はいません。そこで、こちらから当てて聞いていきました。

「花子は健太を助けるべきだったと思いますか？」

生徒「⑫では、花子が太郎に恐怖感を感じていたとあるけど、母親なのだからやはり助けるべきだったと思います。」

「では、仮に隣に住んでいた人がいたとしたら、どうでしょう。その人は健太を助けるべきだったと思いますか？」

生徒「その人が暴行に気づいていなかったら、無理だったのではないでしょうか。」

「壁が薄くて、普段から隣の部屋で子どもの泣き声が聞こえていた、とかだったら？」

生徒「その場合は、少なくともどこかに助けを求めるとかするべきだったと思います。」
「後ろの君は、隣に住んでいた人も健太を助けるべきだったと思いますか？」
生徒「保護者ではないから義務があるとはいえないと思います。」
「では、やはり虐待に気づいていた、保育園の先生がいたとしたらどうですか？」
生徒「先生なら、助けるべきだったと思います。」
「なるほど、その人の立場が重要ということですね。」

　様々な意見が出ましたが、全体的には、母親だけでなく、周囲の人も、できるだけ健太を助けるべき、という人が多数を占めました。また、その人の立場が重要、という意見が多いようでした。
　「助けるべきだった」というのが、「道義的には悪い」ということと同視できるとすれば、生徒たちの答えからは、「母親や先生といった一定の立場さえあれば、他の事情にかかわりなく、助けなかったことは道義的に悪いといえる」という分析ができそうです。私たちがニュースや新聞で事件の報道を見るときにも、しばしば、このような視点で事件を見ているだろうと思います。

(3) 法律的責任の考察　Part 1
　道義的な責任について一通り意見を言ってもらった後で、今度は、法的な責任、つまり花子は罪に問われるのかを考えてもらいました。
　「今回、花子について裁判で問題となったのは、傷害致死罪の幇助犯という罪です。あまり聞いたことがないと思いますので、簡単に説明しますね。」
　「傷害致死罪とは、人に傷害を負わせて死に至らしめる罪です。今回の事件で太郎がこれに当たることは争いがありません。

第2編｜事 例 集

　「他方、幇助犯とは、犯罪を幇助したこと、つまり、犯罪に手を貸したり容易にしたりしたことに対する罪ですが、花子がその幇助犯にあたるかどうかが、問題です。」
　問題となった犯罪がどういうものかだけを教えて、まずは自分たちで有罪かどうかを考えてもらうことにしました。すると、生徒からは様々な意見が出ました。

生徒「⑯にあるように、花子が離れたくないという意思でとどまっていたのは、あくまで自分の意思で、もっと子どものことを考えないといけないはずだった。花子は有罪。」

生徒「⑪に日ごろから暴力をふるっていたとあるから、止める機会はいくらでもあったと考えれば、有罪になるし、⑫では自分も暴力を受けて、恐怖によって縛られていたとあるから、無罪かも。両方の考え方があると思う。」

生徒「確かに、①で食事まで十分に与えていなかったという花子になにも責任がないというのは変だが、なにもしないというのが『手を貸した』といえるのかは疑問。」

生徒「⑪にあるように、日ごろから暴力をふるっているのを見ていて、しかも逃げる機会もあったのにそれをしなかったというのは、傷害を『容易にした』といえるかもしれない。」

　ほぼ全員の生徒をあてて意見を言ってもらったので、ここに挙げたのはほんの一部分ですが、黒板が一杯になるほど様々な意見が挙がりました。
　生徒たちの意見には、有罪とも無罪ともとれるからどっちとも言えない、というニュアンスのものが多かったように思います。しかし、裁判でいざ有罪か無罪かを決めるときには、どっちともとれる、では通りません。また、道義的な責任を議論していたときと比べると、プリントに挙げられた事情にも着目するようにはなったのですが、まだそれも一部

にとどまっていました。
　そこで次に私たちは、様々な価値に重みづけをして比較するという、法律的な考え方の説明に進みました。

(4) 解　説

　「みなさんがより法律的な思考をするためには、様々な価値に配慮して、その調和点を考える必要があります。そこで、これから、みなさんに改めて考えてみてほしい『価値』を、5つほど簡単に説明したいと思います。『価値』というのも多義的な言葉ですが、どのような視点で考えればよいか、どのような利益を考慮するべきか、というくらいの意味でとってください。」

　「まず、『幇助した』という言葉を明確にする必要性です。幇助した、つまり、手を貸した、容易にした、という言葉は、典型的には武器や資金を提供する積極的な行為を想定しています。しかし、花子自らは何もしていない。何もしていないことが幇助犯としての処罰対象になるとすると、『幇助した』という言葉の意味が不明確になる心配があります。」

　「次に、処罰範囲の限定の必要性です。見て見ぬふりが処罰されると、人は積極的に助けに入ることを強制されることになります。それは不可能を強いることにならないか、ということを考えてみてください。また、なにもしなかったことが有罪ということであれば、下手をすると、周囲の人まで有罪ということになりかねません。」

　「3つ目は、刑罰を科すことの重大性です。有罪となれば、罰金や懲役が科されたり前科がついたりと、様々な影響があり、その人の一生が狂わされるかもしれません。今回は幇助犯なので刑は主犯の半分になりますが、それでも花子の人生に重大な影響があるのは明らかです。花子はそのような責任を負わせるのにふさわしいでしょうか。」

　「これまでが無罪を導く価値だったのに対し、4つ目と5つ目は、有罪を導く価値です。まず、生命が奪われたことの重大性。そもそも刑法の

第2編｜事例集

目的は、人の身体・生命や財産等を守ることを通じて社会秩序を維持することにあり、中でも生命については、刑法は特別大きな価値を認めています。その生命が奪われたということがどれほど大きなことか、考える必要があります。」

「最後に、同様の事態を防ぐ必要性です。児童虐待は年々重大な社会問題として認識されるようになっており、直接暴力を振るった人を処罰するだけで、法に託された社会の要請に応えたといえるのか、考えてみてください。」

「これまでは、花子は有罪か無罪か？　という問いを頭に置いて考えていたと思いますが、今度は、それをもっと分解して、生じた結果は重大か？　刑を科すにふさわしい責任があるか？『幇助した』という言葉に合うか？　というように5つの価値に絡めて1つずつ考えてみてください。そして、プリントに挙げられた様々な事情が、どの価値とどのように結びつくのかを考えてみてください。今までにもそういう考え方をしていたかもしれませんが、今度は、それをもっと意識的に検討してみてください。もちろん、もっと違う価値はないかと考えてもらっても構いません。」

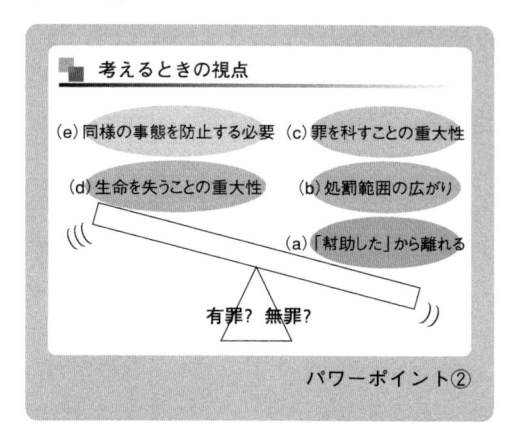

```
■ 考えるときの視点

(e) 同様の事態を防止する必要   (c) 罪を科すことの重大性

    (d) 生命を失うことの重大性    (b) 処罰範囲の広がり

                    (a) 「幇助した」から離れる

              有罪？　無罪？

                              パワーポイント②
```

「それぞれの価値について検討したら、その次は、この事件におけるそれぞれの価値の重みを比較します。それぞれの価値を天秤の両方の秤に乗せるイメージです。そうやって、有罪・無罪のどちらに傾かせるべきかを考えてみてください。」

（5）法律的責任の考察　Part 2

「今度は、5～6つのグループを作って、それぞれのグループで話し合ってもらいます。グループごとに有罪側と無罪側とで立場を決めますので、その立場にたって、どのような主張をしたら相手を説得できるか、考えてください。配布するプリントにメモをとりながら、話し合ってみましょう。」

配布資料2

～ Discussion ～

〈ディスカッションの流れ〉
■ Preparation time（15分）
有罪・無罪の立場に分かれ、ディスカッションに備えて以下を考える。
　・自分の立場からの主張
　・予想される相手方の主張とそれに対する反論
■ Discussion time（15分）
　①有罪側からの主張（4分）
　②無罪側からの反論と主張（7分）
　③さらに、②に対して有罪側が再反論（4分）

〈ディスカッションの注意点〉
①5つの視点を参考にしながら考えてみる。
②主張反論は必ず個々の事情を評価した上で行うこと。
　・ある事情が、一方の立場にのみ有利に働くとは限らない。その事情を、自分の立場にいかに有利に使えるかを考えてみる。
③相手方の主張を予想した上で、反論を考えておくこと。
　・自分の主張を裏付ける主張だけではなく、反対側の立場に立って考え、反論を準備する。

〈ディスカッション用メモ〉
●有罪／無罪の主張とそれを支える事情

●反対側の立場から考えられる主張とそれに対する反論

Part 1で意見を出してもらったときと違って、「有罪（無罪）の立場から何がいえるか？」という視点で考えると、より様々な意見が浮かんでくるようでした。友だちと相談することで、新しい発見もあったようです。ある有罪側グループではこんな会話が展開されていました。

生徒A「刑罰を科すことが重大だからといって、刑罰を科さないことにはならないんじゃないの？」
生徒B「その人の責任のレベルの問題じゃないかな。責任があっても刑罰を科すほどじゃないって言ってくるんでしょ。だから、こっちは逆にそれほどのものだって言えばいいんじゃないかな。」
生徒A「それだったら、こっちは花子に積極的な義務があった、ということを言えばいいと思う。」
生徒B「他に同居人がいなくて、花子しか助ける人はいなかったんだよね。」
生徒C「⑬の妊娠というのは何か使えないかな。」
生徒D「妊娠中だと身重だから助けに入れなかったってことじゃない？」
生徒C「あーそういうことか。」
生徒A「でも⑭でお腹なぐらなかったってことは太郎も赤ちゃんの認識があった訳でしょ。だったら止めに入っていたらやめていたんじゃない？」
生徒D「でも、⑮で、見ていたら怒鳴られたってあるし。」
生徒A「でもそれはむしろ、花子の前ではやりづらかったってことじゃない？」
生徒D「でも一回止めてもまた殴る可能性もあったと思うよ……。」

10分ほど自由に話しあってもらった後には、有罪側と無罪側のグループひと組ずつを対面させて、互いの意見を戦わせました。そこでは、反対側の意見を耳にすることで、議論が進展していくのが見られました。

有罪側E「いかに恐怖心があったといっても、⑨から生命の危険を認識していたのは事実だから、それにもかかわらず死という結果を招いたのは十分罰することもできるだろうし、そういう場面で止めに入るのが保護者の責任だという社会的規範を示せるという意味でも、有罪にすべきではないでしょうか。」

有罪側F「いつも通りの暴力で健太が死ぬとは思わなかったのではないか、という意見があったけど、命の危険を承知しながらずっと放置していたということは、やっぱりもう助ける意思がなかったということだと思います。」

有罪側G「太郎はかっとなっていたということだけど、⑭でお腹を避けるとか、合理的な判断をしているので、それを考えると、花子に対して暴力をふるうということは考えられない。健太に暴力をふるっていたのは自分の息子でないという原因が大きかったからだよ。」

無罪側H「保護者の責任を社会的規範として示すべきということだけど、家族のことは法律とかではなくて倫理的なもので決めるべきじゃないかな。法律で強制するのはなじまないと思う。」

無罪側I「暴力をふるわないというけど、暴力をふるう人は何するかわからないから、理性があるのなら健太に対しても暴力をふるうわけがないよ。」

無罪側J「お腹を避けてはいても暴力をふるっていないわけでなくて、花子に対しても暴力自体はふるっているわけだから、間違ったらお腹にあたることも考えられなくはないと思う。」

無罪側I「そもそもお腹でなかったとしても暴力をふるわれたら恐怖感は覚えるでしょ。」

(6) スピーチ

意見交換の後、再びグループで話し合う時間をとって、今度は、各グ

ループに2分間のスピーチを行ってもらいました。おまけとして、特に様々な価値への配慮という点で際立っていたスピーチにはバランス賞を、発想力豊かなスピーチには、頭脳賞を贈りました。ここではその内容を紹介したいと思います。

・バランス賞

「花子は健太の命の危険を認識していたこと、それ以前から食事も不十分だったこと、太郎への愛情という自分勝手な理由で健太の苦しみを無視していたことで、花子の責任は刑罰を科すほどに十分大きいといえます。

それから、その場には同居人が花子しかおらず、しかも花子は保護者という特別な関係にあったのだから、その花子を処罰したとしても、処罰範囲が広すぎるとはいえません。

そして、太郎は花子がいる前では健太に対する暴力をやりづらいと思っており、しかも、逃げようと思えば逃げられたのだから、花子は太郎に対して抑止力をもっていたといえます。それにもかかわらずその場で何もしなかったのは、積極的に容認したのと同じことであり、幇助という言葉から遠すぎるということもありません。したがって有罪です。」

このグループのスピーチは、解説で用いた視点に網羅的に言及しながら、多くの事情を効果的に用いて、有罪の主張を行っていたのが特徴的でした。

・頭脳賞

「花子を仮に罰した場合、幇助はもともと積極的な行為を想定していたのに、消極的な行為までそれに含ませることになり、幇助という概念に幅ができた概念になってしまいます。そして、一旦それを認めれば、その幅はどんどん大きくなってしまうおそれがあり、より白に近いグレーまでもが罰せられてしまう危険があります。

また、母親はどのようなリスクを受けてでも子どもを守らなくてはならない、ということになれば、太郎のような加害者がより強い立場にな

り、花子のような被害者がより弱い立場に立たされてしまうという危険もあります。

それから、法律は一律に定めてしまうものなので、家庭内のことについてそうやって一律に罰するべきではないと考えます。従って無罪にすべきと考えます。」

このグループのスピーチは、私たちの解説した考え方の枠組みに必ずしも沿わないで、柔軟に考えた主張を披露してくれました。中でも、「加害者がより強い立場に、被害者がより弱い立場に」という部分は独創的で、私たちの中でも評価が高かったところです。

(7) 判例の紹介

「今度は、実際の事件では裁判所でどのような判断が下されたかを、少し紹介したいと思います。ただ、それはあくまで1つの結論であって、絶対的な答えではないことに注意してください。」

「今回の事件が起こったのは、平成9年のことで、その後釧路地裁で判決が下され、控訴されて、札幌高裁で新たな判決が下され、そこで確定しました。」

「釧路地裁では、⑫の事情から、花子の恐怖心が大きかったということ、⑮の事情から、止めに入るとかえって太郎を逆上させる可能性があったこと、⑬の事情から、胎児の健康を害する可能性があったといえること、を重視して、無罪の判決を下しました。

地裁はこの結論を下す際に、幇助という言葉から離れるということや、処罰範囲を限定する必要があることにも触れています。」

「札幌高裁では、花子が健太の母親であることや、⑨、⑩の事情から、花子には健太を助ける義務があり、その義務を怠ったのは、手を貸したのと同視しうる、としました。また、⑯の事情から、助けに入ることも十分に可能だった、としました。そして、結果として、有罪の判決を下しました。

高裁がこのような事情を重視したのは、幇助という言葉との乖離や処罰範囲を限定する必要性を考慮しても十分に有罪という結論を導きうるということを示すためと考えられます。」

(8) まとめ

最後に、今日の授業を振り返りながら、私たちがこの授業で何を目指してきたのかを簡単に説明しました。助けるべきだったかどうかと、法律で処罰すべきかどうかは、異なる問題であるということ。それはつまり、道義的には悪いということでも、法律的には責任を負うとは限らないということ。法律的に責任を負うかどうかを考えるには、法律の背後にある様々な価値に配慮して、その比較を行う必要があるということ。

そして、今度ニュースや新聞で、一見するとおかしいと思える判決を見たときなどには、今日の授業を思い出して、なぜそのような判断が下されたのか、背後にある理由を考えてみてほしい、ということを伝えて、授業を終えました。

3 授業を終えて

私たちの「出張教室」は、生徒たちに自分で考え、自分で言葉にしてもらうことを通じて、法律の奥深さ、面白さを伝えることを目標にしました。振り返って、その目標はかなり達成できたのでないかと考えています。ディスカッションでは活発な議論が展開され、最初は面倒くさがっていた生徒も、議論が進むにつれて積極的に参加するようになっていました。

他方で、私たちの説明を最小限にしたことは、意図的にそうしたとはいえ、法律の勉強をしようという意気込みで来た生徒にはがっかりさせてしまうのではないか、という不安もありました。しかし、ディスカッションの盛り上がりをみて、それが杞憂だったことを感じました。

また、今回扱った事案はあまり身近といえるものではないのでイメージしにくいのではないか、という点も不安なところでした。しかし、事実関係を安易に簡略化せず、詳細な事情を列挙したことで、生徒たちはイメージしやすかったようです。生徒たちのアンケートでは、どちらともとれる難しい事件でよかったとか、社会的関心の高い事件だったとか、事案の選択に関しては概ね好意的な評価でした。

4 解　説

　今回の事件が刑法で処罰されるかどうかには、法学上は、不作為犯論と共犯論の2つが関係してきます。
　このうち、不作為犯論とは、不作為、つまり、「なにもしなかったこと」はどのような場合に犯罪となるのか、という議論です。そこでは、不作為を処罰すると範囲が無制限に広がりうるから、処罰範囲は限定的にすべきと説かれ、学説上、①結果回避可能性（ある行為を行っていれば結果が回避できていたといえること）②作為可能性（その行為を行うことがその人にとって可能だったといえること）③作為義務（その行為はその人にとって義務だったといえること）の3つの要件を満たしたときのみ有罪になる、と考えられています。
　もう1つの共犯論とは、幇助犯、教唆犯、共同正犯といった共犯がどのような場合に成立するかという議論です。そして、現在通説的な地位を占める因果的共犯論の立場からは、正犯の実行に因果的寄与を与えたことが共犯処罰の根拠であると説かれ、幇助犯の場合には、その因果的寄与が間接的な場合に成立する、とされます。
　この、不作為犯と共犯論とが組み合わさった応用的な事案が今回の事件なのですが、以上の刑法的な議論は、抽象的な要件を提示するのみで、それを知ったところで結論がでるという類のものではありません。
　もちろん、その要件が存在することによって議論の土台が設定される

という意味では有益なのですが、用語自体が聞きなれない難解なものであるため、むしろ、高校生には混乱させるだけなのではないか、と考えました。今回の授業で私たちが考え方の説明だけにとどめ、これらの法律的な議論の説明を控えた背景は、このような考慮もありました。

文責：松本　渉

第5章

犯人のように思えるが証拠は不完全 裁判官は有罪判決を下すべきか?

実施校	県立新潟高等学校 高校1年生全員 約360名 120分
授業形式	意見発表15%・講義85%
主な事例	①僧侶学校の宿舎の押し入れでボヤ発生。放火の疑いで修行僧の一人が逮捕された。しかし、彼が真犯人であることを示すには、証拠が不完全だった。 ②飲酒者の自動車運転により追突事故発生。幼児3人の命を奪った。しかし、重い犯罪にあたるほどのひどい泥酔状態だったのかどうか、証拠は不完全だった。

1 授業に向けて

| 題材 | 「疑わしいときは被告人の利益に」の原則(利益原則) |
| ねらい | 一見不合理なように思える法律や裁判の仕組みにも、背景となる理由が存在することを理解する。
法律や裁判の仕組みに違和感を感じた場合に、その理由を掘り下げて考えることの意義を体感する。 |

(1) 題材選び

　私たちの班では、実施校から「何らかの形で裁判員制度を取り扱ってほしい。もっとも、裁判員制度がメインテーマである必要はない。」との依頼を受けました。そこで私たちは、刑事裁判のうち何をテーマに据

えるか、授業の中で裁判員制度をどう位置づけるかの可能性を探っていきましたが、その過程で、授業で目指すところを必然的に考えるようになりました。

あえて目標として具体化はしませんでしたが、以下のような合意が暗黙裡に形成されてきたように思えます。第1に、興味深い素材をもとに楽しい授業を組み立てることによってエンタテインメント性を持たせること。第2に、特定の価値観を押し付けるのではなく生徒の価値観を引き出すこと。第3に、法科大学院生ならではの「味付け」に仕立て上げること。私たちはこうした発想を心に留め、単に法律に親しんでもらうだけではなくて、この授業を後で噛み締めつつ振り返ってもらえるような授業にすることに主眼を置いていたのです。

面白さを共有できる素材を求めて、私たちは、裁判員制度導入の背景に潜む問題を探りました。裁判員制度導入の主たる目的は、裁判を身近でわかりやすいものとし、司法に対する国民一般の信頼を向上させることにあるとされています。今まで一般の人が裁判に不信感を抱いていたとすると、その根源の1つとして、刑罰の制度趣旨の認識に一般の人と法律専門家との間でズレがあることが考えられます。それは、一般の人は「悪いことをした人はきちんと処罰されなければならない」という必罰主義的な考え方を重視する傾向があるのに対して、法律専門家は、刑罰は悪い行いに対する制裁だという際に「将来の被害発生の防止」という目的をあわせて考える、ということです。

この認識の差が端的に現れる局面の1つとして、「疑わしいときは被告人の利益に」の原則（以下、「利益原則」と呼びます）という刑事裁判の鉄則があげられます。必罰主義的な考え方からすると、悪人が処罰されることなく大手を振って歩くという事態は、容認しがたいように思えます。その感覚からすると、仮に真犯人の可能性が相当高いと考えられたとしても、ひょっとしたら無実かもしれないという疑いが残る場合には無罪放免にしなければならない、というこの利益原則は、時に不可解な

ものでしょう。そして、この違和感の原因を探求することには、最終的に納得できるか否かに関わらず、問題解決能力の涵養として普遍的な意義があるに違いありません。このようにして、題材として利益原則が選ばれました。

(2) 授業づくり

　利益原則を扱うに際しては、現実に裁判になった事件をもとに、法律専門家の感覚が果たして妥当なのかを一緒に考えてみよう、という構成にすることにしました。問題意識喚起の観点からは、利益原則が際どく適用され被告人の有利に判断されたものの、一般の人の感覚からすると理不尽だ、と思える事件を取り扱うのが適切だと考えられました。そうした中、世間を揺るがせた飲酒運転による福岡幼児3人死亡事故の地裁判決（福岡地裁平成20年1月8日判決）が授業の約2ヶ月前に出たので、これを採用することにしました。

　しかし、ここで別の難点が浮上しました。それは、福岡幼児3人死亡事故は被害者感情への共感を呼ぶとともに、飲酒運転をした被告人の悪質性が明白なことから、利益原則を冷静に考えることが困難かもしれない、ということです。最終的には利益原則以外の考慮要素も含めて多角的に検討してほしいのは確かなのですが、利益原則を知らない段階で取り組んでもらったのでは、どちらの議論も消化不良になりかねません。そこで、あらかじめ利益原則だけを純粋に考えるステップとして、ボヤで終わった放火事件を取り扱うことにしました。この放火事件では被害者感情を特に気にせずにすむ上に、争点も被告人の犯人性に関する利益原則の問題に絞り込まれているという利点があったのです。

　このテーマを取り扱うにあたっては、もう1つ懸念すべき点がありました。それは、被害者感情との交錯から「法律はあまりにも杓子定規で融通が利かない」という印象をややもすると強くしてしまうおそれがある、ということです。そこで、「法律専門家はこう考えている」ということ

を上から押しつけることにならないよう、極力生徒側から主体的に思考過程を辿ることができるように議論を展開しようとしました。それは結局、真犯人を無罪放免にすることの意味、無実の人を罰することの意味を考えることであり、有罪と無罪の境界線をどこに引いても必ず問題が残る、という後味の悪さを知ることにつながっています。そこで、これらの問題点を基礎づける議論は簡略化せず丁寧に取り扱うことにしました。

そして、この授業の山場として生徒に広く意見を述べてもらう場を事例紹介の後に設定することにしました。福岡幼児3人死亡事故の地裁判決はマスコミで大きく報道されたこともあり、この判決に違和感を感じていた生徒も多かろうと予想されました。そこで、その違和感の原因を考えるきっかけとなるように、判決に対して考えられうる反対意見を聞くことにしました。この授業のメインテーマである利益原則以外にも、立法に関わる問題、法律の解釈に関わる問題、証拠の評価に関わる問題など多様な議論が出てくることが期待されました。その中で、証拠の評価に関する問題提起をきっかけとして、最後の裁判員制度の説明に導く、という構成にしました。

2 授業の模様

(1) はじめに
(2) 刑罰とは何だろう？
(3) 刑事裁判手続――実際の2つの事件をもとに考える
　(ⅰ) 刑事裁判の仕組み
　(ⅱ) 僧侶学校放火事件――犯人性に合理的疑い
　　　～休憩～
　(ⅲ) 福岡幼児3人死亡事故――重い犯罪の成立に合理的疑い
(4) 裁判員制度
(5) おわりに

第5章 犯人のように思えるが証拠は不完全　裁判官は有罪判決を下すべきか？

(1) はじめに

「出張教室」の紹介、法科大学院の紹介、メンバーの自己紹介をした後、授業の流れの説明をしました。途中で積極的に生徒にマイクをまわし意見を聞いていくことも伝えました。

(2) 刑罰とはなんだろう？

ここでは、刑罰はそもそも何のためにあるかを考えていきました。導入として、社会的に許されないことであっても必ずしも処罰対象とはされていないことを、設例を通して示すことにしました。

設例としては車を運転していた場合を取り上げ、①わざと人にけがをさせた場合、②わざと人のペットにけがをさせた場合、③脇見運転により人にけがをさせた場合、④脇見運転により人のペットにけがをさせた場合の4つを、順にスライドで表示しました。

これらの行為は社会的に許されると思うか生徒に聞いたところ、いずれも許されないだろうということになりました。しかし、刑法の定めによると、①の行為は傷害罪、②の行為は器物損壊罪、③の行為は自動車運転過失致傷罪として処罰対象とされているのに対して、④の行為を処罰する定めは規定されていません。

ここで、犯罪と刑罰があらかじめ法律で定められていない場合、たとえ社会的に許されない行為だったとしても有罪とされたり処罰されたりすることはない、という「罪刑法定主義」の考え方を紹介しました。④の行為は無罪となり、処罰されないということです。その上で、④のような行為を犯罪とする法律がなぜ定められていないのかと問題提起し

守るべきもの	非難の度合い	
	わざと	わき見
人	傷害罪	自動車運転過失致傷罪
ペット	器物損壊罪	無罪

119

第2編｜事 例 集

ました。生徒は、人とペットの間では「守るべき利益」が異なること、「わざと」と「脇見」では「非難の度合い」が異なることに気づいてくれました。

その後、刑罰の主目的は将来の犯罪による被害発生の防止であることを紹介し、刑罰を科された人は大きなダメージを受けることを考慮すると、刑罰以外に被害発生の防止手段があるならば、国としては刑罰という方法を避けたい、という「謙抑主義」の考え方を紹介しました。民事上の損害賠償制度や所属組織での処分をはじめとする社会的制裁などの抑止力も存在することから、④のような行為を処罰対象としなくても将来の被害がむやみに拡大するおそれはないだろう、ということです。

このようにして、刑事裁判手続の考え方の基礎として、刑罰とはいかなるものかという認識の共通化を図りました。

(3) 刑事裁判手続──実際の2つの事件をもとに考える
(ⅰ) 刑事裁判の仕組み

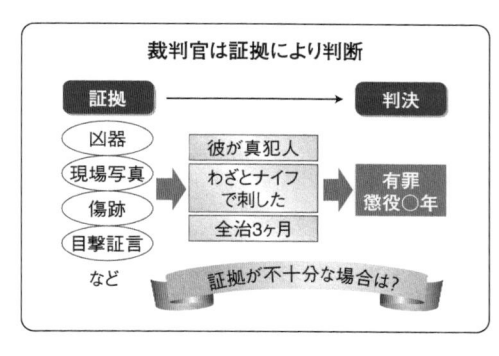

ここから刑事裁判手続に入っていきました。まず、どんなに悪いことをした場合であれ、刑事裁判手続を経ない限りは有罪とされたり処罰されたりすることはない、という手続保障の仕組みを示

した上で、事件が起きてから判決が出るまでの過程を簡単に紹介しました。次に、裁判官は判決を下すにあたっては証拠に基づいて判断しなければならないということに言及しました。そして、証拠が不十分な場合はどうすればよいのか、という一点に絞り込んだ問題提起をし、いよいよ今回の授業の核心部分に踏み込んでいくことになりました。

(ii) 僧侶学校放火事件――犯人性に合理的疑い

1つ目に取り扱った事件は、僧侶学校の宿舎で発生したボヤです。まず事件をイメージしやすいよう、現場となった僧侶学校の位置づけを説明しました。そのお寺はある宗派の総本山であり、全国から修行僧が集まってくること、僧侶学校での修行は厳しく外部との出入りや通信も隔絶されていることを紹介し、後に登場する様々な事情を想像する際の土台となるようにしました。現場が隔絶した特殊空間であることは、後で出てくる「犯人性」の証拠の1つにも関わってきます。

次に、宿舎の押入で火災が発生したことから、どのような犯罪が予想されるかを少し考えてもらいました。火の気のない場所からの出火ですから、やはり「放火」という答えが返ってきました。そこで、授業の前半で「罪刑法定主義」を説明したことを受けて、「放火」の犯罪がいかなるものなのかをみていきました。

ここで当てはまる犯罪は、現住建造物等放火罪です。条文を示した上で、「現に人が住居に使用し」等と書かれていることを確認しました。人が寝起きする家や、住んでいなくても人がいる学校などに放火した場合、生命の危険が非常に大きいことになります。したがって、刑罰の目的である「将来の被害発生の防止」に照らしても、厳重に処罰すべきでしょう。そこで、刑罰の定めを確認すると、5年ないし20年の懲役か、無期懲役か、あるいは死刑に処される、とされています。この定めは殺人罪と同一の範囲であり、それだけの重罪であることを生徒に認識してもらうことにしました。

ここから容疑者が登場することになります。ドラマや小説等でしばし

ばみられる「逮捕」の場面をきっかけとして話を展開しました。警察は捜査の結果一人の修行僧を逮捕したのですが、警察が逮捕するからには、彼が犯人だろうという証拠があったはずです。そこで、捜査で集まった証拠からわかった事情を取り上げていきました。

① 僧侶学校は普段外部との人の出入りがない
② 火災報知器が鳴ったとき、建物内には彼一人しかいなかった
③ 消火の応援が駆けつけたとき、彼は押入内部の方向を指差した
④ 出火場所となった部屋の住人に彼は恨みを持っていた

①の事情は修行施設ゆえの特殊性ですが、捜査側の立場としては、出入りがない以上は内部犯行に違いない、と考えることになります。②の事情は、彼以外の人間は全員建物の外にいたことが明らかになったということですが、彼以外の人間による放火は不可能だったろう、と考えられることになります。③の事情は、本来見えないはずの押入内部を出火場所として指差したということは、彼が出火場所を知っていたことを示しており、犯人でなければ知り得ない事情を知っていたということは犯人に違いない、と考えられることにつながります。最後に④の事情は、動機があるということになります。

以上の事情を聞く限りでは、逮捕された修行僧が犯人に違いないだろう、と思えることになります。しかし、裁判手続の段階では、別の証拠をもとに以下のような事情もあわせて明らかとなりました。

①′ 僧侶学校は外部との人の出入りも不可能ではなかった
②′ 着火してから火災報知器作動までには約5分の時間がかかり、火災報知器作動の5分前なら建物内には彼以外に人がいた
③′ 彼が指差した先が本当に押入の内部なのかどうか不明
④′ 出火部屋の住人に恨みのある修行僧は彼以外にもいた

新たに登場した4つの事情は、当初の4つの事情がさほど強固でなかったことを示しており、逮捕された修行僧が絶対に真犯人だとは断定できない、ということになります。つまり、証拠は不完全だった、という

ことです。しかしそれでもなお、彼が真犯人である可能性は十分高いように思われます。このように、証拠から判断すると犯人である可能性の方が高そうだが確実とまではいえない場合に、裁判官はどういう判断をすべきなのか、と問題を投げかけました。

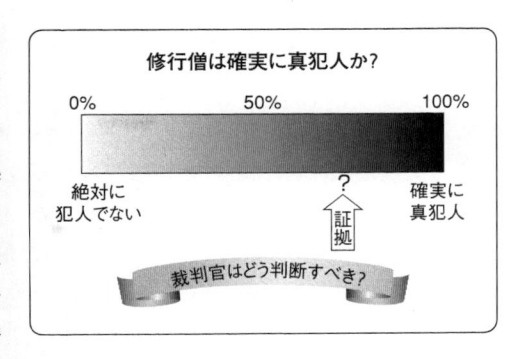

修行僧は確実に真犯人か？

0%　　　50%　　　100%

絶対に犯人でない　　？←証拠　　確実に真犯人

裁判官はどう判断すべき？

　ここで、証拠がそろうまで判断を保留する、というわけにはいきません。なぜなら、裁判が延々と長引くことになっては困りますし、そもそもどんなに捜査を続けても証拠は永遠にそろわないかもしれないからです。したがって、裁判官は証拠が完全にそろわなかったとしても、何らかの判断を迫られる場合があるということです。

法科大学院生（以下「院生」）：今回の事件では、かなり怪しいけれども証拠は不完全、ということで、真犯人である可能性は50％よりは高いけれども確実とまではいえない、という場合です。このような場合でも裁判官は有罪か無罪かどちらかに決めなければなりません。さて、裁判官はどちらの判断を下すべきでしょうか？

生徒A：無罪だと思います。

院生：もしよかったら、理由を聞かせてもらえますか？

生徒A：確実な証拠がないから。

院生：確実な証拠がない以上は無罪にすべき、という考えでしょうか。もう1人の意見を聞いてみましょう。

生徒B：無罪だと思います。やっぱり100％確実でないと、もしその人が犯人でなかった場合にかわいそうだから、無罪です。

第2編｜事 例 集

　このように、生徒からは、被告人である修行僧の立場を考えての意見が出てきました。
　意見を聞いた後に、有罪と無罪の境界線をどこに引くかについてあり得る考え方として、50％のところに境界線を引く考え方と、100％確実でなければ有罪としない、という考え方の2つを示しました。前者の考え方には、無実の人が処罰されかねないという問題点があります。後者の考え方には、100％確実だというのはとても難しいことなので刑罰を科すことがほとんどできなくなってしまい、将来の犯罪発生の防止という目的の達成が難しくなってしまう、という問題点があります。つまり、どこに線を引いても必ず何らかの問題が残ってしまう、ということを説明しました。
　ここで、周防正行監督の映画作品「それでもボクはやってない」から、法律の専門家になろうと研修中の司法修習生が指導担当の裁判官に質問しているシーン（約2分間）を上映しました。このシーンでは、裁判官が「刑事裁判の最大の使命は何か」と問いかけ、問答の末に、それは「無実の人を罰してはならない」ということだと語りかけています。
　映画内での裁判官の「無実の人を罰してはならない」という台詞が刑事裁判手続で非常に重要な原則である、と引用した上で、刑罰を科されるということは何十年も刑務所に収容されたり死刑にされたりするかもしれないということであり、もし無実の人を罰してしまうと取り返しのつかないことになってしまう、という点が特に重視されていると説明しました。一方、100％を要求すると刑罰を科すことが非常に困難になってしまうことも考慮し、実際の刑事裁判手続では100％よりも少し緩め

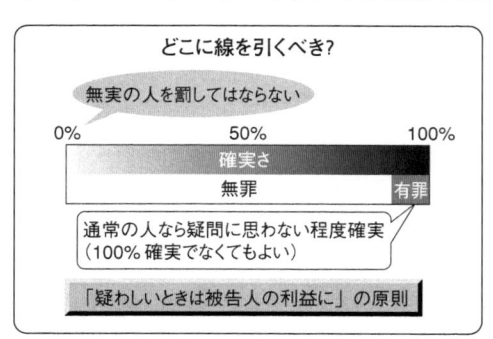

どこに線を引くべき？
無実の人を罰してはならない
0％　　　　　50％　　　　　100％
確実さ
無罪　　　　　　　　　　　有罪
通常の人なら疑問に思わない程度確実
（100％確実でなくてもよい）
「疑わしいときは被告人の利益に」の原則

124

て、「通常の人なら疑問に思わない程度に確実」かどうかという位置に境界線を引いています。また、このように真犯人か否か確実でないときは無罪にすることを、「疑わしいときは被告人の利益に」の原則、と呼ぶことを示しました。

　ここまでで、「疑わしいときは被告人の利益に」の原則という、いわば未知の事柄を理解してもらう段階は完了です。ここから先は、その理解に揺さぶりをかけることとなります。長時間の授業のほぼ中間ということもあり、区切りを付ける意味も込めてここで休憩としました。

（ⅲ）福岡幼児３人死亡事故──重い犯罪の成立に合理的疑い

　２つ目に取り扱った事件は、飲酒運転による交通事故です。授業の約１年半前に福岡で起きた幼児３人の命が犠牲になるという事故で、マスコミでも盛んに報道され、飲酒運転に関する罰則強化のきっかけの１つとしても有名でした。そこで、事故当日の写真入り夕刊記事を示すところからはじめました。そして現場見取図を示した上で、被告人の運転する自動車が被害者の親子５人を乗せた自動車に追突したために、被害車が弾みで橋の上から海へ転落することとなり、幼児３人が死亡したことを説明しました。

　そして、今回のテーマである「疑わしいときは被告人の利益に」の原則に焦点を当てるために、１つ目の事件と同じく何罪に問われたかを示しました。１つ目の事件は一種類の犯罪だけの問題であり、有罪か無罪かが争われました。それに対して福岡幼児３人死亡事故では、被告人は犯罪を犯したことには間違いがないものの、「危険運転致死罪」という重い罪が成立するのか「自動車運転過失致死罪」という比較的軽い罪が成立するにとどまるのかが問題とされました。

　（なお、事故発生後に法律が改正されたため、この事故に適用される古い法律と現在の新しい法律では、罪名や刑罰の重さ等が異なっています。今回は、原則として現在の法律に置き換えて授業を進めることにしました。現在の「自動車運転過失致死罪」は、事故発生時の法律では「業務上過失致死罪」とし

て取り扱われます。)

　危険運転致死罪と自動車運転過失致死罪の条文はいずれも長文です。しかし、今回の授業ではどちらの罪にあたるのかの判断が中心となるので、条文の解釈とその違いに踏み込む必要がありました。そこで、両条文中の重要な文言をハイライトし、違いをこの事件に即して具体的に説明しようとしました。

　まず、危険運転致死罪が自動車運転過失致死罪よりも重い犯罪であることを示した上で、両犯罪が成立する条件を条文に照らして比較しました。危険運転致死罪が成立するのは、アルコールまたは薬物の影響により「正常な運転が困難な状態」の場合であり、自動車運転過失致死罪が成立するのは、自動車の運転上「必要な注意を怠」った場合である、とされています。ただ、世間一般では酒に酔った状態では正常な運転はできないといわれており、上記の説明だけでは、飲酒運転をしたということはすなわち「正常な運転が困難な状態」であり、重い危険運転致死罪が成立するに違いない、と思われてしまいます。そこで、この法律で「正常な運転が困難な状態」といった場合、正常な運転は確実に無理、といえるほどひどい状態だけを示していることに言及しました。

　そしてさらに具体化して、「泥酔状態」であれば「正常な運転が困難な状態」に当てはまるので危険運転致死罪が成立するが、「ほろ酔い」の場合は「正常な運転が困難な状態」とまではいえないので危険運転致死罪は成立せず、軽い犯罪である自動車運転過失致死罪が成立するにとどまるとし、比較図を示しつつ解説しました。この事故では、被告人が事故当時「泥酔状態」だ

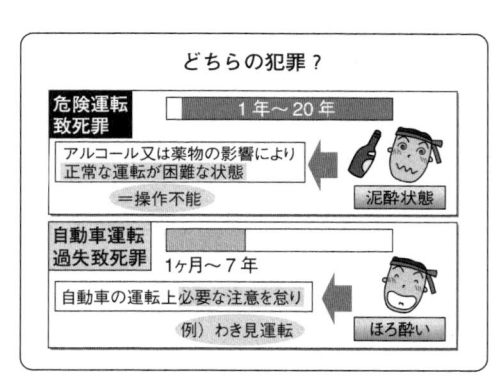

ったのならば重い危険運転致死罪が成立することになります。そこがポイントであることを示した上で、証拠からわかった事情を順に説明していきました。

　まず、酒酔いの程度に関する事情を示しました。事故前の被告人の飲酒状況は、350 mlの缶ビールを1本、焼酎500 ml、ブランデー数杯を飲んでいました。また、事故前の酒場の店員の証言によると、被告人はろれつが回っておらずふらふらしていた一方で、携帯電話でメールを打っているときは手元が危ういということはなく普通にボタンを押していたとのことです。ふらふらしていたことからは酔いの程度がひどかったように思われ、携帯電話の手元操作が普通だったことからは酔いの程度がそれほどひどくなかったように思われます。

　次に、酒酔いに関する事故後の事情をみていきました。事故の48分後に行われたアルコール濃度を測定する呼気検査では、通常酒酔い運転として用いられる目安よりは若干低い濃度が検出されました。しかし、被告人は呼気検査を受ける直前に酔い覚ましのために1リットルもの水を飲んだことがわかっています。

　さらに、事故直前の運転状況をみると、制限速度50 kmの道を100 kmで追突したこと、事故直前の12秒間脇見運転をしていたこと、追突の0.1秒前に急ブレーキとハンドル操作をしていたことがわかっています。その他にも、現場は見通しのよい幅広の道路であることや、酒場から橋までの間の3.5 kmにわたって曲がりくねった路地をぶつかることなく走行してきたこと、事故後直ちに自動車を道路の左端に寄せて停車させていることがわかっています。

　これらの証拠をもとに、被告人が事故当時泥酔状態だったか否かを判断することになります。しかし、今回のテーマは証拠の持つ意味を個別に吟味することではなく、証拠が不完全な場合に裁判官がいかなる判断をすべきかを検討することにありました。そこで、裁判官が考えたと思われる証拠の評価は先に説明することにしました。どうやら裁判官は、

第2編｜事例集

証拠は不確実

証拠 → 事故当時の状態 → 判決

- 呼気検査
- 酒場の証言
- ブレーキ痕
- 目撃証言

泥酔状態 → 危険運転致死罪 1年〜20年

ほろ酔い → 自動車運転過失致死罪 1ヶ月〜7年

どちらの結論になったか？

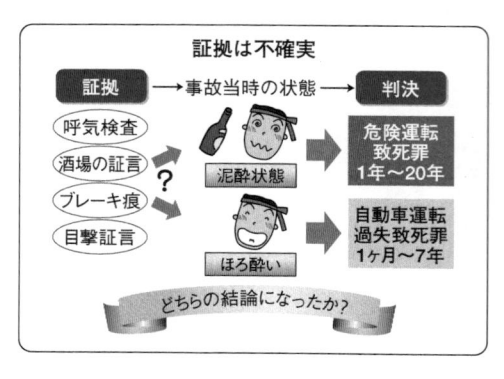

これらの証拠すべてを集めても被告人が確実に泥酔状態だったとまではいえない、と考えたようです。つまり、証拠はまたもや不完全だったのです。

泥酔状態であれば重い危険運転致死罪、ほろ酔いであれば軽い自動車運転過失致死罪だということを再確認した上で、授業の2カ月ほど前に出た福岡地裁判決ではどちらの結論になったと思うかを挙手方式で聞いてみました。結果は、危険運転致死罪だと思う生徒が約3割、自動車運転過失致死罪だと思う人が約7割でした。

重い危険運転致死罪を適用することはできないとして軽い業務上過失致死罪（現在の自動車運転致死罪に相当）と道路交通法違反を適用するにとどめた福岡地裁判決を簡単に説明し、この事件は現在福岡高裁に控訴されており判決は未確定だということも説明しました。実際、この地裁判決にはマスコミや法律専門家の一部からも疑問が提起されており、高裁で判決が覆される可能性も十分に残されています。果たして福岡地裁判決は妥当だったと思うか、もし判決がおかしいとしたらどんな疑問点が考えられうるか、時間を長めにとって生徒の意見を聞いてみました。

生徒1：追突して子供が3人死んでいるのに軽い罪というのはおかしい。

生徒2：犯罪の重さが軽い、重いに関わらず、酒気帯び運転という悪いことをしたことに変わりはない。酒気帯び運転は悪いことだという事例にするためにも重い罪を適用した方がいいのではないか。

生徒3：私は軽い罪でもしょうがないと思う。現在の罪の判断基準はきちんと法で定められているので、確かに子供が3人も死んでいるひど

い事件ではあるが、それを考えてしまうといけない。法律に従わないと刑罰の基準が崩れてしまうので、現在の法律に従って考えることが必要。

生徒4：3人の子供を殺したというのは重い罪であり、法律に定められていることに縛られるよりは、もう少し柔軟な運用が必要ではないか。一度決められた法律を新しく変えていくのも重要ではないか。

生徒5：アルコール検査のときに被告人が水を1リットル飲んで検査結果をごまかしたといっていたが、もしそれがなければ、呼気検査は基準よりも高い値になっていたかもしれない。ぶつかった瞬間は泥酔状態だったのではないか。事件の追加捜査をしてもう一度審議し直してもよいのではないか。

（その他にも、溺れる幼児を助けず逃げたことを考慮しての殺人罪適用の可能性の指摘、3人が死亡していることに着目し3回事故を起こした場合とのバランスの指摘など、深い考察に基づいた意見がみられました。）

　判決に批判的な意見が多かったのは、発言を求める直前に、判決への批判は一枚岩ではなく、様々なタイプがあることに注意を促したためだと思われます。批判をふまえればこそ、判決への賛成も根拠が明確になるだろうとの発想に基づいてのことです。生徒3の意見は示した中では唯一判決に賛成する意見ですが、生徒2の意見との対比で問題の所在が浮き彫りになったといえるでしょう。

　一通りの意見が出そろったところで、意見を整理し3つにタイプ分けしました。①人が死んでいるのに刑罰が軽すぎる。もっと柔軟に刑罰を解釈しよう。②有罪に変わりがないのなら、不確実でも重い刑罰を。③確実に泥酔状態といえたはずではないか。生徒1、生徒2の意見は①のタイプに当てはまり、生徒3の意見はそれに対する反論として位置づけられます。生徒4の意見は②のタイプに当たりそうですが、①のタイプの要素も含んでいるようです。生徒5の意見は③のタイプですが、追加

```
         どこに線を引くべき？ returns
     0%          50%          100%
          ┌─────────────────────────┐
          │         確実さ          │
          │      軽い罪       │ 重罪 │
          └─────────────────────────┘
      ┌──────┐      ↑     ┌──────┐
      │自動車運転│   証   │危険運転│
      │過失致死罪│   拠   │致死罪 │
      └──────┘            └──────┘
      有罪同士の境界線についても
         ┌────────────────────────┐
         │「疑わしいときは被告人の利益に」の原則│
         └────────────────────────┘
```

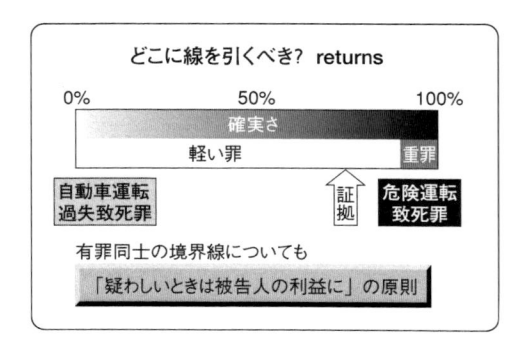

捜査にも活路を見出そうとしています。

これらの意見は法律的に考えるとどういう意味があるのか、順番にみていきました。

①のタイプの意見に関しては、脇見運転でペットをはねた場合に悪いことだが処罰する法律がないので無罪だ、といったのと同じく、罪刑法定主義の考え方に照らすと、ルールを曲げるのはだめだ、ということになりそうです。②は、有罪なら不確実でも重い刑罰でいいのではないか、という意見に対しては、映画のワンシーンで示したのと同じく、「疑わしいときは被告人の利益に」の原則からすると通らない意見のように思えます。つまり、有罪と無罪の境界線ではなくて重い罪と軽い罪の間という有罪同士の境界線であっても、重い罪を適用するためにはかなり確実な証拠がいる、ということです。③は、裁判官の判断が実はおかしいのではないか、この証拠から確実に泥酔状態だといえたはずなのではないか、という意見です。裁判官が証拠をもとに適切でない判断をすることはあり得ますから、この意見なら通るかもしれません。

このように「罪刑法定主義」や「疑わしいときは被告人の利益に」という前出の議論との関係を通して、主張の妥当性を再考してもらいました。

(4) 裁判員制度

福岡地裁判決に対する3つのタイプの意見のうち③の意見を掘り下げていくことで、裁判員制度に関する説明の導入としました。裁判官の判断が果たして適切だったのか、という問いを突き詰めると、一般人の感

第5章 犯人のように思えるが証拠は不完全　裁判官は有罪判決を下すべきか？

覚とズレのない裁判を本来は実現すべきだという要請に従来の裁判は応えきれていないのではないか、という疑問に行き着きます。仮に裁判官が好き勝手に変な判断をしたとすれば、それは世の中の実情にあわないといえます。こうした要請に対応する方法の1つとして、一般人が裁判官とともに判断に関与するという制度が考えられるでしょう。そして実際に導入されることとなったのが、平成21年5月施行の裁判員制度なのです。

まず、裁判員制度の概要を説明しました。裁判員制度については法務省などが広報活動を行っていますので、基本的にその構成に準じて解説しました。詳細は割愛しますが、裁判員制度導入の理由や目的、裁判員の選任方法、正当な理由なく出頭を拒むことが許されないこと、重大な刑事事件のみが対象とされること、そして、裁判官3人と裁判員6人が話し合って共同で有罪か無罪かと量刑を決めることなど、裁判員の立場から見た手続の進め方を中心としました。その解説の中では、現在の試算によると最大で6人中1人が一生に一度は裁判員に選ばれる可能性があることも説明し、実感を持たせました。

その上で、裁判員は具体的に何をやるのか、裁判官との役割の違いを説明しました。「法律の解釈」は裁判官が専門に扱う仕事であり、裁判員は証拠をもとにどんな事実があったかを判断する「事実認定」の方を裁判官とともに担当することになります。これを具体的にわかりやすくするために、福岡幼児3人死亡事故で出てきた危険運転致死罪を例に説明しました。危険運転致死罪の条文中には「正常な運転が困難な状態」であることが条件の1つとして書かれていますが、「法律の解釈」とは、この文言の意味を判断することです。ここでは、正常な運転が困難な状態である「おそれ」があるだけでは不十分であり、「現実に」困難な状態にある場合、すなわち「泥酔状態」である場合だけを指している、と解釈することが「法律の解釈」にあたります。一方、裁判員は、証拠をもとに泥酔状態にあったのかどうかを判断することが求められており、

この作業を「事実認定」と呼びます。この「事実認定」に一般の人も参加することにより、裁判と一般国民の感覚とを近づけることを目的とした制度なのです。

法律をよく知らない自分たちが果たして人を裁けるのか、という点に多くの人が不安を持つことが予想されますが、「法律の解釈」は裁判官がやってくれるので、裁判員は法律を知っている必要はない、ということを強調しました。では、法律の知識は不要となると、裁判員に最も求められることは一体何なのでしょうか。ここで、裁判員は9人で話し合うことにより結論を出さなければならないことをよすがに、1つの見解を提示しました。それは、法教育推進委員会初代座長の土井真一京都大学教授の発言に依拠したものですが、「自分の意見を言えること」、「他人の意見を聞けること」、「他人の意見を聞いた結果必要と考えたら自分の意見を変えられること」、これができれば裁判員は立派に務まるだろう、ということです。このように民主的運営に関わる一面を示したところで、裁判員制度に関する説明を終えました。

(5) おわりに

今回のメインテーマは「疑わしいときは被告人の利益に」の原則でしたが、この原則を覚えてもらうことがこの授業の目的ではありません。法律や裁判には、一般の人からみると一見不合理に思える仕組みがあります。しかし、そうした不合理な仕組みには、多くの場合何らかの意味が潜んでおり、なぜそのような仕組みがあるのか理由を考えることが重要であることを伝えました。理由を考えてもなお不合理だと思える場合もあるでしょうし、逆にきちんと考えてみれば納得できる場合もあるでしょう。法律に限らず、どのように考えたかというその考え方が大事である、ということをメッセージとして残しました。

3 授業を終えて

　今回の授業は、利益原則の一点を中心として組み立てました。刑事裁判で重要な事柄は利益原則以外にも多数あります。しかし、「出張教室」での授業は一回限りと限定されていたことから、広く浅くやることではなく、限られたポイントについて深く追求することを選択したわけです。そのために、利益原則に関わらない問題は極力そぎ落とすこととなりました。

　利益原則のルール自体は一見単純で、ほんの一言で言い表せてしまいます。また、ルールを具体的事件に当てはめることも決して難解なことではありません。しかし、福岡幼児3人死亡事故の例をみればわかるように、このルールは時に理不尽に思われ、人間的な常識感覚と相容れないものでありましょう。利益原則を授業で扱う際に少しでも油断してしまうと、法律というものは杓子定規で不可思議なものだ、という印象を植え付けるだけに終わってしまいます。あるいはまた、生徒が人間の心を捨てて利益原則を受け入れてくれたとしても、この授業の目指すところではありません。各自の倫理観に照らし合わせつつ利益原則に取り組んでもらうこと。これがこの授業で心がけたことでした。

　授業後のアンケートを読むと、1つの事件を多くの視点から見つめることの重要性や、法律の定めに勝るとも劣らず適用するときの考え方が重要であること、更には、杓子定規とあやふやさの共存に触れるなど、多様な感想がみられました。その他にも、多くの生徒が利益原則を理解した上でなおその奥に潜む複雑さをそれぞれに感じ取ったようでした。福岡幼児3人死亡事故では、単純に利益原則を当てはめれば軽い罪が成立することが容易に予想できるにも関わらず、なお判決として重い罪を予想した生徒が3割に及んだことも、真剣に取り組んだが故の結果だったように思えます。そして、授業が進むにつれて発言や質問の挙手が増えていき多様な意見が述べられるようになったことが、私たちにとって

最大の喜びでした。

　この授業では福岡幼児3人死亡事故を題材として利益原則に焦点を当てましたが、別の機会があれば、今度は同じ事件を題材として「被害者と被告人の立場の衝突」という視点で組み立てることも試みたいところです。その場合、どのような導入や展開がふさわしいでしょうか。皆さんも、ぜひ一緒に考えてみてください。

4 解　説

(1) 謙抑主義

　今回の授業では、刑罰の法律を作る段階で対象範囲を控えめに定める、という説明をしましたが、実際にはもっと広い意味で使われます。例えば、ちり紙数枚を盗んだ場合など被害があまりにも軽微なときは犯罪とされませんが（東京高裁昭和45年4月6日判決）、これも謙抑主義の現れの1つとされています。

(2)「疑わしいときは被告人の利益に」の原則

　直接的に明示した条文はありませんが、憲法31条の「何人も、法律の定める手続によらなければ、その生命若しくは自由を奪われ、又はその他の刑罰を科せられない。」や刑事訴訟法336条の「被告事件が罪とならないとき、又は被告事件について犯罪の証明がないときは、判決で無罪の言渡をしなければならない。」にその意味が込められているとされています。最高裁はこの原則を「刑事裁判における鉄則」と呼びました（最高裁昭和50年5月20日決定）。

(3) 福岡幼児3人死亡事故に類似する事件との判決の比較

　福岡幼児3人死亡事故の半年前に、愛知県でも飲酒運転の車により4人が死亡する衝突事故があり、同様に社会的な反響をよびました。この

愛知での事故の高裁判決（名古屋高裁平成19年12月25日判決）が、今回の授業で取り扱った福岡幼児3人死亡事故地裁判決の2週間前に出ています。名古屋高裁は、軽い業務上過失致死罪を適用した名古屋地裁判決を破棄し、重い危険運転致死罪を適用しました。結論を異にしたわけですが、異なる事実関係の下での判決ですし、名古屋高裁は連続して赤信号を無視をしたことなどから「赤色信号又はこれに相当する信号を殊更に無視」という別の条項に当てはまるとしたのであり、「正常な運転が困難な状態」か否かが争われた福岡幼児3人死亡事故をこれと同列に論じることはできません。

　　　　　　　　　　　　　　　　　　　　　　　　　　文責：中尾俊介

第6章

裁判員に選ばれた！
あなたならどう裁く？

実施校	淑徳巣鴨高等学校
	高校1、2年生の希望者　約100名　90分
授業形式	模擬裁判50%・ディスカッション35%・説明15%
主な事例	被告人は、強盗致傷事件の犯人と疑われ、警察に逮捕された。逮捕後、起訴された被告人は刑事裁判に臨むことになったが、被告人は強盗致傷事件を起こした犯人なのか。

1 授業に向けて

題　材　強盗傷害事件の模擬裁判

ねらい　法律に少しでも興味を持ってもらう。
基本的な刑事裁判の流れを理解する。
被告人が有罪か無罪かを判断することが難しいことを知ってもらう。

（1）題材選び

　私たちの班では、出張教室の題材を刑事事件の模擬裁判に決めました。
　このような題材を選んだ理由として、法律に少しでも興味を持ってもらいたかったことが挙げられます。刑事裁判は、ドラマなどで比較的なじみがあることに加え、模擬裁判として実際に体験することで、より法律に興味を持ってもらえるのではないかと考えたからです。

また、基本的な刑事裁判の流れを理解してもらった上で、被告人が有罪か無罪かを判断することが難しいということを感じてほしかったことも挙げられます。平成21年5月21日から、裁判員が参加しての裁判が始まる予定ですが、その際に対象となる事件は、最も重い刑が死刑や無期懲役になるような重大事件です。軽微な事件なら慎重に判断しなくてもいいということにはなりませんが、重大事件で有罪と判断された場合には、被告人の生命や長期間の自由を奪うことにもなりますから、有罪か無罪かはより慎重に判断されなければなりません。しかし他方で、犯罪を行った者には、それに見合った罰を与えなければ、治安が悪化し、また、被害者感情を傷つけることになってしまいます。そのため、裁判では、被告人が確実に犯罪を行ったという確信が得られない限り、有罪とすることは避けなければなりませんが、安易に無罪とすることも避けるべきであるともいえます。これらのことを考えると、有罪か無罪かの判断は困難であり、だからこそ慎重に判断されるべきだということになります。裁判員制度が始まり、将来、裁判員に選ばれる可能性がほぼ全ての人にありますので、あらかじめ有罪か無罪かの判断はそんなに簡単ではない、悩ましいものだということを知っておくのは、事前の心構えをすることや誰もが刑事裁判や裁判員制度について考えることに対して、役立つと思います。

(2) 授業づくり

　授業で扱う具体的な事件を決めるにあたり、私たちは、「被告人と犯人の同一性（被告人が犯人であるか否か）」という切り口で授業を行うことにしました。これは、被告人が犯人であるか否かが刑事裁判では最も重要な問題ではないかと考えたからです。たとえば、殺意があったかどうかの判断は、殺人罪か傷害致死罪かを分ける点で重要ですが、被害者を死なせたこと自体は両罪で同じです。被害者を死に至らしめたということが確実ならば、何らかの罰は与えることになります。つまり、殺意

の有無を争っている場合とは、言い換えれば、50か100かを争っている場合であるといえます。しかし、犯人かどうかの争いは、端的にいえば、国家が被告人に罰を与えていいのかどうか、つまり0か100かを争っている場合であるといえます。そのため、被告人が犯人かどうかは、より重要で対立が深くなりやすい問題といえます。

次に、具体的な事件を強盗傷害罪（刑法240条）にすることにしました。これには、物的証拠を作りやすいこと、その証拠に対して、弁護側から、不自然ではない反論を比較的しやすいこと、犯罪を行う意図があったのかどうかが争いになりにくく、争点を絞りやすいことが理由として挙げられます。

最後に、具体的にどのような証拠を設定するかを考えましたが、この作業で最も時間をとりました。裁判では証拠から有罪か無罪かを判断するため、どのような証拠を用意するかによって、有罪か無罪かを判断する際の難易度が変わってきます。有罪か無罪かを判断することの困難さを伝えるためには、誰もが、簡単に有罪と判断できたり、どう考えても無罪であると判断するような事件にすることは何としても避けなければならないと考えました。そこで、裁判員制度に関するホームページなどを参照しながら、証拠を設定しました。具体的には、見間違いがなければ決定的な証拠である目撃者をなくしました。ほかには、財布についている指紋は、たまたま途中で被告人が財布を拾ったため、中身を確認してから戻したときに付いたものだとするなど、犯人であることを疑わせるが、それほど不自然ではない理由がある証拠を考えました。

授業作りの段階では、さらに証人を増やすといったアイディアが出たのですが、時間の制約と授業内容が複雑になり過ぎないようにするため、事前に考えていたものよりも省略する部分が出てしまいました。

2 授業の模様

(1) 自己紹介・導入
(2) 模擬裁判
　（ⅰ）冒頭手続
　（ⅱ）証拠調べ手続
　（ⅲ）論告・求刑、最終弁論
(3) 生徒同士のディスカッション
(4) 生徒の意見の発表
(5) 生徒の有罪・無罪の判断の集計発表
(6) まとめ

(1) 自己紹介・導入

　まず、最初に法科大学院生の紹介を行い、続いて、導入部分として、出張教室の活動の趣旨と授業の流れの説明に入りました。
　私たちの授業では、模擬裁判形式の授業を行うことと、被告人が犯人と同一人物であると認められるかということが授業の中心であるため、それほど法律の知識を必要とはせず、生徒同士のディスカッションを通じて有罪か無罪かを考えてもらうこと、それにより法律について、授業を受ける前よりも身近に感じてもらうことを主眼に置いているということを説明しました。

(2) 模擬裁判

　次に、模擬裁判を行いました。当日は、生徒には、自分が裁判員になったと仮定して、有罪か無罪かの判断をしてもらうことを説明しました。一通り説明が終わったところで、模擬裁判を開始しました。
　なお、模擬裁判中にも、裁判の中でどの部分を行っているか、今行わ

れている部分では何をしているかについて、適宜、模擬裁判を中断して説明をしました。

以下では、模擬裁判の台本に、各手続の説明が挿入された形で書かれています。

（ⅰ）冒頭手続

冒頭手続は、刑事裁判の最初に行われる部分です。人定質問、起訴状朗読、黙秘権の告知、罪状認否で構成されますが、どの刑事裁判でもだいたい同じように行われます。

人定質問（法廷に立っている者が、本当に被告人かどうか確認する手続です。名前、生年月日、住所などを聞きます）

裁判長：では、審理を開始します。あなたの名前を言ってください。
被告人：大塚正です。
裁判長：生年月日はいつですか。
被告人：昭和58年11月21日です。
裁判長：あなたの職業は何ですか。
被告人：コンビニでアルバイトをしています。
裁判長：本籍はどこですか。
被告人：東京都文京区本郷7丁目3番1号です。
裁判長：現在の住所を言ってください。
被告人：東京都文京区本郷7丁目3番1号です。

起訴状朗読（検察官が起訴状を読み上げます。起訴状には、どのような犯罪について争うかが書かれ、それにより被告人は、自分がどのような疑いをかけられているか知ることができます。そのため、この手続は、裁判を行う上で、重要であると言えます）

裁判長：では、検察官は起訴状を朗読してください。
検察官：公訴事実。被告人は、平成20年2月28日、午後3時ごろ、東

京都豊島区西巣鴨２丁目付近の路上で、巣鴨よね、当時78歳の背中を後から突き飛ばして転倒させ、抵抗できない状態にあった被害者から、現金５万５千円入りの財布が入ったかばんを奪い取り、このときの暴行で、被害者に、２ヶ月の治療が必要となる左足骨折などのけがを負わせた。

罪名及び罰条。強盗致傷、刑法第240条前段。

権利の告知（被告人には、黙秘権といって、裁判を通じて、何も話さなくてもいい権利があります）

裁判長：あらかじめ、被告人には注意しておきますが、被告人には、黙秘権があります。答えたくない質問には答えなくても構いません。最後まで、ずっと黙っていても結構です。話した内容は、被告人にとって有利、不利、いずれの証拠としても扱われる可能性がありますので気をつけて話してください。

今話した内容は、分かりましたか。

被告人：はい、大丈夫です。

罪状認否（冒頭手続の最後に、被告人と弁護人に対して、起訴状に書かれた犯罪を被告人が行ったかどうかが聞かれます。）

裁判長：では、質問をします。先ほど検察官が読み上げた起訴状の内容に、どこか間違いはありますか。

被告人：はい、あります。検察官の言っていることは、全く見当違いです。私は無実です。私は、おばあさんを突き飛ばしてお金を奪ってなんかいません。

裁判長：弁護人はどうですか。

弁護人：被告人と同じ意見です。被告人は強盗などしてはいません。本件は誤認逮捕であり、被告人は無罪です。

（ⅱ）証拠調べ手続

第2編｜事 例 集

　証拠調べ手続は、刑事裁判の中でもよく知られている部分です。証人が証言したり、凶器や証拠の写真などを見たりと、ドラマでもおなじみの部分です。
　証拠調べ手続を簡単に説明すると、検察官と弁護人の冒頭陳述と、証拠調べから構成されています。判決は証拠から判断されますが、この証拠調べに現れた証拠によって、有罪か無罪かを判断します。

冒頭陳述（冒頭陳述は、検察官と弁護人が、事件をどのように考えているか、これから証明しようとすることを主張する部分です。あくまで両者の意見なので、何がポイントか考える目安にはなりますが、証拠そのものではありません。）

裁判長：では、検察官は冒頭陳述を行ってください。

検察官：被害者は、平成20年2月28日午後3時ごろ、東京都豊島区西巣鴨2丁目付近の道路上を歩いていたところ、いきなり後ろから突き飛ばされ、うつぶせに倒されてしまいました。そして、後ろから走ってきた、白っぽい長袖シャツを着て、黒っぽいズボンをはいていた若い男が、被害者の手から現金5万5千円入りの財布が入ったかばんを奪い取り、走って逃げ去りました。
　被害者は自分で110番通報し、その後警察官と一緒に病院へ行き、全治2か月の左足骨折と診断されました。
　警察が犯人を捜したところ、事件のおよそ15分後、事件現場から道なりに2キロほど離れたところで、被告人を見つけました。白の長袖シャツを着て、黒のズボンをはいており、冬なのにかなり汗かいていたので、警察官が不審に思い被告人に質問をしたところ、被告人は、左ポケットに自分の財布、右ポケットに、財布とは別に現金5万5千円を裸で持っていることがわかりました。警察官は、被告人が被害者からカバンを奪った犯人であると判断し、その場で被告人を逮捕しました。

なお、被害者のかばんは、逮捕の現場から事件現場の方へ500メートルほど戻った道端に落ちていたところを、警察官が見つけ、保管しました。

裁判長：次に、弁護人は冒頭陳述を行ってください。

弁護人：被告人は、その日はアルバイトが休みであったため、事件があった現場近くのパチンコ店に、開店した頃から入店し、正午ごろまでパチンコをしていました。

　昼過ぎになると、パチンコが負け気味であったため、店から出て、昼食をとり、その後は気分転換に散歩をしていましたが、そこで突然、警察官に呼び止められました。そのときに、冬なのに汗をかいているのはおかしいなどと問い詰められ、持ち物を見せたところ、被告人のポケットに入っていた現金は被害者から奪ったものだろうと、一方的に決め付けられ、そのまま逮捕されました。

　このときに被告人が持っていた現金は、パチンコで使用しなかった残りの現金でした。被告人は事情を説明しましたが、警察官に取り合ってもらえず、ろくに話を聞いてもらえないまま起訴されました。被告人は犯人ではありません。

※このように、この事件では、被告人が本当に強盗を行った犯人なのかどうかが争われています。裁判員は、証拠調べで出てきた証拠に基づいて、被告人が本当に犯人なのかを判断します。犯人だと思ったら有罪、そうでなければ無罪とします。

※証拠調べ手続では、書証の取調べや証人尋問などが行われます。時間短縮のため、以下の被告人質問中、被害者の財布に被告人の指紋がついているなど争いのない事実についてはそれらの証拠調べで証明できたものという前提で被告人質問のみを授業では行いました。

第2編 事例集

被告人質問（被告人質問とは、文字通り、被告人に、事件について質問をすることです。被告人質問は証拠調べ手続の中で行われ、その供述内容や供述態度を証拠とすることができます）

裁判長：弁護人は、被告人質問を行ってください。

弁護人：あなたは、事件があった場所に行ったことはありますか。

被告人：事件があったとき、その付近を歩いていましたが、事件現場には行っていません。

弁護人：その日、あなたは何をしていましたか。

被告人：アルバイトが休みだったので、朝からパチンコをしていました。

弁護人：昼からは何をしていましたか。

被告人：パチンコの負けがこんできたので、もうその日はやめようと思って、昼食を食べるために正午には店を出ました。その後は、気分転換に散歩をしていました。

弁護人：せっかくの休みなので、すぐには帰らなかったのですね。

被告人：はい、そうです。他にすることもありませんでしたから。

弁護人：では、警察官からは、どのように声をかけられましたか。

被告人：制服の警察官が2人走って来て、突然、一方的に、「君、どこに行くの。」「何でそんなに汗かいてるの。」「さっきまで何してたの。」「何で声を掛けられたか、わかるよね。」などと話しかけられました。

弁護人：声をかけられたとき、汗をかいていたと警察官はいっていますが、汗をかいていたのはなぜですか。

被告人：そのときは日中だったし、晴れていて、ずっと歩いていたからだと思います。それに、そんなに汗をかいていたとは思いません。

弁護人：警察官から職務質問を受けたときに、持ち物は見せましたか。

被告人：はい。「ポケットの中を見せて。」「やましいことないなら、見せられるでしょ。」などとしつこくいわれたので見せました。

弁護人：右のポケットに、財布とは別に、裸で5万5千円を持っていたのはなぜですか。

被告人：特に理由はありません。パチンコのときに、いちいち財布から出すのが面倒だからです。その、なんというか、その場のタイミングを逃したくないというか……。

弁護人：では、あなたが持っていた2千円札をどこで手に入れたか覚えていますか。

被告人：覚えていません。気がついたら持っていました。おつりをもらうときに渡されたのかもしれません。

弁護人：最後に、被害者の財布にあなたの指紋がついていますが、なぜ付いたのでしょうか。

被告人：散歩をしているときに、道端に財布が落ちているのを見つけました。それで、それを拾って、……たぶん、そのときに付いたのだと思います。財布を拾ったのは確かですが、中に何も入っていなかったので、そのまま落ちていた場所に戻しておきました。

弁護人：以上で、終わります。

裁判長：では、検察官、質問をしてください。

検察官：あなたは昼から散歩をしていたといいましたが、なぜパチンコをやめてしまったのですか。その後は特にやることもなかったのですよね。

被告人：はい、特にすることはありませんでした。パチンコは負けがこんできたので、「今日はついていないな。」と思ってやめました。

検察官：5万5千円持っていたのにやめてしまうんですか。負けを取り返そうとは思わなかったんですか。

被告人：あまりやりすぎるとよくないと思って、それにその日は全然出る気配がなかったから。

検察官：その日はいくらぐらい負けたのですか。

被告人：3万円くらいです。

検察官：そんなに負けたということは、その日は9万円くらい持っていったということになりますよね。いつもそんなにたくさんの現金を持

って行くのですか。
被告人：いつもはそんなに持って行きません。その日は、たまたまです。
検察官：昼食を食べた後、どこを歩いていたか、覚えていますか。
被告人：覚えていません。
検察官：正午くらいからあなたが逮捕されるまでに3時間ほどありますが、そんなに長い時間散歩をしていたのですか。
被告人：途中で、公園で休んだりしましたが、ずっと散歩をしていました。その日は負けが大きくて、そういった気分だったんです。
検察官：では、あなたは、事件当日、どのような服装でしたか。
被告人：白色の長袖シャツを着て、黒色のズボンをはいていました。
検察官：あなたは、警察官に逮捕されたときに2千円札を持っていましたが、どこで手に入れたのか本当に分からないのですか。
被告人：さっきもいったとおり、本当に覚えていません。
検察官：2千円札が流通しているのは珍しいと思いますが、渡されれば印象に残って覚えていませんか。
弁護人：異議あり。
裁判長：弁護人は、異議の理由を述べてください。
弁護人：検察官の質問は、重複しています。
裁判長：異議を認めます。検察官は、質問を変えてください。
検察官：では、質問を変えます。被害者の財布にあなたの指紋が残っていますが、その財布を手に取ったことは確かなのですか。
被告人：確かです。
検察官：中に何も入っていなかったといってますが、被害者の病院の診察券などが入っていました。それなのに何も入っていなかったといったのはなぜですか。
被告人：それはお金が入っていなかったという意味でいったんです。
検察官：診察券など、名前がわかる物が入っていたなら、普通、交番などに届けませんか。

被告人：書類を書かされるのが嫌だったので、届けませんでした。
検察官：では、現金が入っていたら届けたということですか。
被告人：そうだと思います。
検察官：現金でも書類を書かなければならないのは同じではないですか。
被告人：そうですが、現金だと落とした人が困ると思ったからです。
検察官：診察券でも困るのは同じではないですか。場合によっては、現金よりも困ると思いますが。
被告人：そのときは、そう思ったんです。もうこれ以上、話したくありません。
検察官：以上で、終わります。
裁判長：これで、被告人質問を終わります。

(ⅲ) **論告・求刑、最終弁論**

　証拠調べ手続が終わると、次は検察官による論告・求刑と弁護人による最終弁論が行われます。この部分は証拠ではありませんが、両者の意見は、有罪か無罪かを判断する際に参考になります。

　なお、どちらかの意見を必ず聞かなくてはならないというものではありません。有罪か無罪か判断するときには、この両者の意見だけでなく、そのときまでに裁判に出てきた全ての証拠を総合して、自分が正しいと思う結論を出します。

- -

論告・求刑（論告・求刑では、検察官は、事件についてどのように考えているか、どのような証拠から被告人が有罪になると考えているか、どれくらいの刑を科すことがふさわしいかについて意見を述べます）

裁判長：では、論告求刑を行います。検察官、どうぞ。
検察官：被告人が犯人であることはこれから述べる理由から、明らかです。
　まず、被告人が持っていたお金は、被害者が奪われた金額と同じ5万5千円であり、「1万円札5枚、2千円札1枚、千円札3枚」というお

札の種類まで同じです。しかもその中には、2千円札という現在あまり流通していない紙幣が含まれていました。

さらに、被告人は、財布を左のポケットに持っていたにもかかわらず、5万5千円という大金を裸で右のポケットに入れていたのであって、不自然といえます。

以上から、被告人が持っていたお金は、被害者から奪われたお金と同一性が認められます。

次に、被害者が犯人について供述する「白っぽい長袖シャツを着て、黒っぽいズボンをはいた若い男」という特徴に、被告人は一致しています。

さらに、奪われた財布には被告人の指紋が付いていました。犯人でないなら、財布を届けないのは不自然です。

また、被告人は犯行現場から道なりに2キロ離れた場所で15分後に逮捕されており、被告人は発見されたとき冬なのにかなりの汗をかいていましたが、犯行現場近くにいたことと、冬なのに汗をかいていたことから、被告人がそのとき逃走していたことが推定できます。そして、被告人は事件当日現場付近のパチンコで朝から正午まで過ごし、その後は現場付近を散歩していたと供述しています。これらのことは、犯行当時被告人が犯行可能な場所にいたことを示しています。また、被告人にはアリバイがない上に、犯行時に関する供述が不明確です。

以上から、被告人が犯人であることに間違いありません。

最終弁論（最終弁論では、弁護人は、被告人は無罪であるとか、被告人が罪を犯したことを認めている場合には、反省しているから罪を軽くしてほしいなどといったことを主張します。今回の事件では、被告人が犯行を否定しているので、無罪であることを前提に、証拠をどのように考えているかを主張しています）

裁判長：それでは、弁護人は最終弁論をどうぞ。

弁護人：以下の理由から、被告人は無罪であると主張します。

　まず、この事件では、被告人と犯人を直接に結びつける証拠はありません。誰かが被告人が強盗をするところを見たわけでもなければ、被害者が犯人の顔を見たわけでもありません。

　また、被告人はまじめに働いており、犯罪を行うような人物ではありません。事件が起こったのが日中であることを考えたとしても、被害者が高齢であることを考えると、見間違えた可能性があります。

　事件当時、被告人はアルバイトをしており、金に困っていないため、強盗をする動機がありません。

　次に、犯人の服装と当時の被告人の服装の色と形状が、仮に一致するとしても、同じ色の服や同じ形をした服などはありふれており、犯人を特定する根拠とはなりません。

　それに、被告人が本当に犯人であったなら、事件現場付近からとっくにいなくなっているはずです。成人男性なら1キロメートルを走ると、だいたい5分ほどです。15分もあれば、もっと遠くに逃げられたと考えられます。

　被告人質問の内容から、警察は、汗をかいていたことと、2千円札を所持していたことを理由に逮捕していることがわかりますが、冬でも汗をかくことはありますし、事件当日は、太陽が出ていて汗をかきやすい状況でした。汗を多くかいていたといいますが、多いというのは人によって感じ方が違います。2千円札にしても、現在日本国内で流通している日本のお金ですから、それを被告人が持っていたとしてもおかしなところはありません。

　被害者の財布には、確かに被告人の指紋がついていました。しかし、それは被告人が散歩しているときに見つけた落し物の財布を拾ったときについたものです。また、被告人は財布の中を確認して、そのまま落ちていた場所においてきましたが、そもそも被告人にはその財布を警察に届ける義務はありませんので、そのまま置いても不自然ではあ

りません。

　検察は、被告人の行動におかしな点があるというようですが、被告人はパチンコで負けて落ち込んでいました。そのような気分の時には、3時間ほど気分転換に散歩してもおかしくはありません。

　また、財布とは別に裸のまま右ポケットに現金を所持していたことについても、それはパチンコを打つときにその場の流れを乱さないように、すばやくお札を取り出すためであり、不合理なことではありません。

　以上のように、被告人を犯人とするような証拠はなく、被告人は無罪です。

(3) ディスカッション

　生徒同士が班ごとにディスカッションを始める前に、有罪か無罪か判断する基準について、被告人が犯人であるという確信がなければ、有罪とすることはできず、そのような確信がなければ、無罪にしなければならないと説明しました。

　授業の目的の1つとして、被告人が本当に犯人であるのかの判断が難しいことを伝えるということがあったので、生徒同士のディスカッションでは、有罪か無罪かについて、生徒の考えとは逆の側面からの意見を出すなど、生徒の意見が有罪、無罪の一方に偏り過ぎないように注意しました。

　また、ディスカッションを各班でどう進めるかは生徒に任せましたが、議論が進んでいないところには、適宜アドバイスを出して議論が促進されるように努め、生徒からの質問には随時答えました。

(4) 生徒の意見の発表

　生徒同士のディスカッションの結果を、事前に分けておいた班ごとに発表してもらいました。時間の関係で、全ての班に発表してもらうこと

はできませんでしたが、発表時には、被告人は無罪であるという意見が多かったようです。これは、事前に有罪の確信がなければ有罪とすることができないと強調したからかもしれません。

　有罪と発表した班もありましたが、被告人が怪しいといった漠然とした理由でしたので、どこが具体的に怪しいのか、言葉にすることはやはり難しいのかといったことも感じました。

　また、他の意見として、パチンコ店の監視カメラ映像がないことや、お札に被害者の指紋が付いるかどうか調べられていないといった、捜査不十分を指摘する意見もありました。

(5) 集計発表

　有罪か無罪かについての生徒の意見を集計したところ、有罪と無罪が、ほぼ半分ずつになりました。

(6) まとめ

　今回の事件は、実際の裁判では有罪と判断される可能性が高い事件となるように作成しました。この事件では、確かに検察官が挙げた各証拠は、それぞれ1つだけでは被告人が犯人であることを確信させるには足りません。しかし、証拠全体を見たときに、被告人が犯人である可能性を示す多数の証拠があてはまっているにもかかわらず、被告人が犯人でないという可能性は一般的に見て低いといえます。そのため、被告人が犯人である可能性が高いと判断できます。もちろん実際の裁判の状況などにもよるので一概にはいえませんが、現在の裁判ではそのような判断になると予想されるということを説明しました。

3　授業を終えて

　私たちの班は、刑事裁判において被告人が犯人であると認定すること

が難しいということを体験してもらおうと模擬裁判形式を採用し、刑事裁判の有罪か無罪かの判断に詳しくない人には、どちらか判断しにくい事件にしました。あまりにどちらか分からない事例にしてあるせいで、混乱が生じたり、ディスカッションの際に意見が全く出ないのではないかと危惧していましたが、実際に授業を行ってみると、生徒同士のディスカッションもなかなか活発に行われ、有罪と無罪の判断もほぼ半分ずつになり、その点では被告人を犯人だと判断することは難しいと伝えられたのではないかと思います。

授業後のアンケートを見ると、興味を持てたなどの意見が多く見られ、有意義な授業ができたのではないかという印象を受けました。しかし、使っている言葉が全体的に難しかったとか、授業時間が長すぎるという意見もあり、授業の進め方などでさらに改善すべき点があることもわかりました。また、授業中には、捜査が不十分ではないかという発言もありました。限られた時間の中では証拠を限定せざるを得ないという面がありますが、その反面で私たちの想定した範囲を超えていろいろなことを考えてくれた生徒もいたため、もっと証拠を豊富にしたり、配布した資料を見やすくするべきであったと反省する点も多々ありました。

4 解　説

この事例で問題になっている点は、被告人と犯人が同一人物であるかということです。そのため、法律の解釈がどのようになっているかといった知識はあまり必要とはされていません（裁判員の参加する裁判でも、法律の知識は特に必要とされません）。今回の事例では、複数の証拠からどのような事実が考えられるか、そのような事実を積み重ねて考えた場合に、被告人が犯人であると認めることができるか、ということを各自の経験則に基づいて判断してもらいました。

なお、授業中にも若干言及しましたが、有罪か無罪かを判断する基準

について、刑事裁判では、まず間違いなく犯罪を行っているだろうと認められなければ有罪にできないことに留意してください。被告人が犯人であるという確信がなければ、原則として無罪と判断することになります。

　ただ、このような基準にもかかわらず、現在の刑事裁判では、99％以上が有罪となっています。その理由として、検察官が、犯罪を行った疑いがある者でも、有罪に出来る可能性がそれほど高くない場合や、裁判を起こす必要がないと判断した場合などには、起訴しないことがあることが挙げられます。また、現在の刑事裁判では、被告人が罪を認めている事件が大半を占めていることも、有罪率が高い理由として挙げられます。そのため、私たちの今回の授業の目的とは異なり、現実に裁判員として裁判に臨む場合には、有罪か無罪かについて悩むよりも、どれくらいの重さの刑を科すべきかに悩むことが多いかもしれません。

　　　　　　　　　　　　　　　　　　　　　　　文責：杉浦恵一

第7章

インターネット上の言い争い これって名誉毀損？

[実施校] 淑徳巣鴨高等学校
高校2年生　約200名　120分
都立小石川高等学校・小石川中等教育学校
高校1〜3年生の希望者　約15名　および中学1年生の希望者　約15名　120分
[授業形式] ディスカッション30%・説明70%
[主な事例] XとYはともに会員制のインターネット上の掲示板に書き込みをしていた。Yの書き込みに対して、Xが「私に対する個人的侮辱だ」と書き込み、これをきっかけとしてXとYとの間で互いの人格を攻撃する書き込みの応酬がなされた。そして、XがYに対して名誉毀損の損害賠償を求めて提訴した。

1 授業に向けて

[題　材] インターネット上の名誉毀損（名誉毀損と表現の自由）
[ねらい] ・法律の要件と事実を照らし合わせて法的効果を導くという法律家の考え方を、名誉毀損の事例を通じて体験してもらいたい。
・「その体験を通して」、法が安定的に適用されることの必要性と、現実にあわせて法を運用することの必要性という2つの側面が法にあることを伝えたい。

第7章　インターネット上の言い争い　これって名誉毀損？

(1) 題材選び

　どんな授業をすれば、生徒と法律を近づけることができるでしょうか。私たち自身が中高生だった頃を振り返っても、法律も法律家も自分には縁のないものだと思っていました。しかし、法律を学び始めた今は、日常生活のあらゆる場面に法律が関わりうることを実感しています。法律の世界は遠い存在ではないと生徒に感じてほしいという思いのもと、授業をつくりました。

　生徒と法律を近づけるために私たちが選んだ題材は、インターネット上の名誉毀損という問題です。これを選んだ第1の理由は、インターネット上の名誉毀損は誰にでも起こりうる問題であるということです。インターネットが普及する以前は、他人の名誉を毀損するほどの情報発信はマスメディア以外にはあまりできませんでした。しかし、インターネットの普及によって誰もが簡単に不特定多数の人にむけて情報を発信できるようになり、一般人同士でも名誉毀損の問題が起こる可能性が高まっています。掲示板の書き込みなどは、生徒も日常的に行っていると思われます。自分の書き込みが名誉毀損になる可能性や、書き込みによって自分が名誉を毀損されてしまう可能性を伝えることで、生徒の法律への関心を引き出せるのではないかと考えました。

　第2の理由は、民事事件を紹介できることです。テレビドラマなどの影響で中高生は刑事事件の方に馴染みがあるかもしれません。しかし、物の貸し借りのトラブルや自動車事故など、民事事件は日常生活のすぐそばに潜んでいます。一般人同士の争いを扱う民事事件を題材として取り上げることによって、友人、知人同士の間の紛争が法律問題にもつながりうることを生徒に印象付けられるのではないかと考えました。

　法律は遠い存在ではないと感じてもらうために、インターネット上の名誉毀損という題材を用いることに決めました。

(2) 授業づくり

　題材を決め、いよいよ生徒に何を伝えるか切り口を考えていきます。知識をただ教えるだけの授業ではなく、法律家になる準備をしている私たちだからこそできる法教育とは何か。そう考えたとき、法律家の思考法そのものを伝えるという切り口で授業を組み立てられないかと思いいたりました。法律家の思考法を伝えることで、自分たちにも法律を扱えるのだと生徒に感じてほしかったのです。

　では、法律家の思考法の特徴とは何でしょうか。それは、要件と効果を考える点にあると私たちは考えました。法律では、条文に書かれた特定の効果を発生させるためには、その効果を発生させるための条件（要件と呼ばれます）が満たされねばならないことになっています。それゆえ法律家は、ある事実があったときに、その事実が条文に書かれた要件に当てはまるか否かを必ず評価します。法律の目で事実を評価すること、これが法律家の思考法の特徴だといえます。

　要件と効果を考えるという法律家の思考法は、法の安定性と現実的妥当性という法の2つの側面とつながっています。法律が安易に変更されるようでは、いつ法律に触れるか怯えながら日々の生活をせねばならなくなります。そこで、法律の効果を発生させるには必ず要件が満たされねばならないこととされるとともに、法律の要件は様々な事例に共通して通用するように考えられています。これが法の安定性の側面です。他方で、既存の要件と効果を考えるだけでは対処しきれない問題もあります。時代の変化によって、法律の制定時には想定されなかった新しい問題が起こります。このような新しい問題には、既存の要件と効果を機械的に適用するだけでなく、時代に即した妥当な解決を実現できるように、法律家が要件を解釈しなおすことで対処しています。これが法の現実的妥当性の側面です。

　要件と効果を考えるという法律家の思考法が、法の安定性と現実的妥当性とを実現しています。その法律家の思考法そのものを生徒に味わっ

てもらうことに挑戦しようと私たちは考えました。こうして、授業を組み立てる切り口が決まりました。

　題材はインターネット上の名誉毀損、切り口は法律家の思考法の体験、ここから授業を組み立てていきました。インターネット上の名誉毀損という現代の事例から体験できるのは、法律家の思考法のうち、法を現実に妥当させるために要件を解釈しなおすという側面です。ですが、要件を解釈しなおすという側面を理解するためには、法律の条文は要件と効果でできていることや、そもそも要件と効果を考えることが法律家の思考法の特徴なのだということを学んでいなければならないでしょう。そこで、まず、インターネットが登場する以前の名誉毀損を題材にして、法律家の思考法を体験してもらい、その上でインターネット上の名誉毀損を考えてもらうという2部構成の授業としました。第1部ではマスメディアによる名誉毀損を題材として、要件を考える思考法と法の安定した適用について学びます。そして第2部では、インターネット上の名誉毀損という新しい事例を題材として、現実的に妥当な解決を導くために要件を解釈しなおすという法律家の思考法のもう1つの側面を学ぶ授業を目指しました。

2 授業の模様

(1) 自己紹介・導入
(2) 第1部——マスメディアによる名誉毀損
　（ⅰ）名誉毀損の要件——社会的評価の低下
　（ⅱ）名誉毀損にならない要件——表現の自由との調整
　（ⅲ）事例の検討
(3) 第2部——インターネット上の名誉毀損
(4) まとめ

（1）自己紹介・導入

「法律にどんなイメージを持っていますか？」

私たちの自己紹介の後、生徒へのこの質問から授業が始まりました。中学1年生と高校生の混合授業のためか生徒たちは様子をみる雰囲気で、おずおずと手があがってきます。私たちの予想では、法律は堅苦しい、難しい、無ければ困るが自分には縁がないといった意見が出てくると思っていましたが、最初の意見はスマートな表現のものでした。

「越えてはいけない一線。」

意表をついた表現ながら、何かをいい当てた意見がいきなり出たことで、私たちにも生徒にも笑顔が広がりました。生徒の発言が続きます。

「憲法は条文が短くて、いろいろな意味に捉えることができる。」

「保護するための防護壁。」

「みんなに平等。」

生徒は自分なりの言葉で法律をとらえていることが私たちにもわかってきました。生徒の多様な意見を私たちの問題意識へと結びつけて、授業を進めます。法律家の思考法を体験してもらいたいという私たちのねらいと、事例として名誉毀損を扱うことを伝えました。

偶然にも出張教室を準備していたちょうどその頃、力士の八百長疑惑が週刊誌に連載され、相撲協会が発行元の出版社を名誉毀損で提訴する動きがありました。生徒に記事をみせながら、八百長疑惑を書かれた力士は出版社に対して何を求めるだろうかと尋ねました。

「やっていないことを前提にするなら、それでも僕はやってないと言いたい。」

「決めつける前にちゃんと取材をしてほしい。」

「記事の訂正。」

「謝ってほしい。」

生徒は力士の視点に立って的確に答えてくれました。この生徒たちとともに、いよいよ第1部の始まりです。

第7章　インターネット上の言い争い　これって名誉毀損？

(2) 第1部──マスメディアによる名誉毀損
(ⅰ) 名誉毀損の要件──社会的評価の低下

　事例を用いて事実を法律の要件にあてはめることを後で体験してもらう準備として、法律の条文を説明していきます。実際の授業では民事と刑事の区別なども簡潔に説明しましたが、ここで重要なのは法律の条文が要件と効果から成り立っていることを伝えることです。法律的に考えることの根本には、ある効果を導くためにどんな要件が必要であるかがわかること、そしてある事実が要件にあてはまるか否かを検討できることがあると言えるからです。以下、授業の模様です。

　名誉を毀損された被害者は、どのように損害の回復を求めることができるでしょうか。損害を回復する方法は民法という法律によって定められています。民法が定める損害回復の方法にはお金による損害賠償や謝罪広告があり、被害者は裁判所に訴えることによって、加害者にそれを求めることができます。そして、加害者に対して損害賠償や謝罪広告を求める権利が発生することを、法律の効果と呼びます。

　では、損害の回復という効果を裁判所に認めてもらうためには、何が必要でしょうか。それには、法律に定められた要件を満たす必要があります。生徒とともに具体的に条文を見ていきます。名誉毀損に適用される民法709条には、「故意又は過失によって他人の権利……を侵害した者は、これによって生じた損害を賠償する責任を負う」と書かれています。このうち、「損害を賠償する責任を負う」という部分が先ほど説明した効果にあたります。そして、この効果を導くには、「故意又は過失によって他人の権利……を侵害した」という要件を満たす必要があるのです。「故意又は過失」とは「わざと、またはうっかり」ということです。名誉毀損のケースでは、名誉を守られる権利が侵害されたことになります。名誉を守られる権利を相手がわざとまたはうっかり侵害したことが損害を回復する権利を発生させるための要件です。これらの要件を満たしたときに、損害を回復する権利の発生という効果が認められるのです。

では、名誉を守られる権利とはいったい何でしょうか。名誉を守られる権利は、いわゆる名誉権と呼ばれるものです。これは憲法13条で保障される人格権のうちの1つで、自分自身の人間としての尊さを守るために認められている権利です。

　では、具体的には、どんな要件を満たせば名誉毀損になるのでしょうか。名誉毀損とは、人の社会的評価を下げることです。つまり、単に悪口をいうことが名誉毀損の要件なのではなく、言われた人の評判が下がることが名誉毀損の要件だということです。

　具体例で説明しましょう。会社のパソコンを八つ当たりで壊してしまった人がいたとしましょう。さて、①それを見ていた同僚が人に言いふらした場合と、②電話で直接に「あなたのような短気な人とは絶交」と言った場合、社会的評価を下げているのはどちらでしょう。生徒に挙手を求めたところ、多くの生徒が①の言いふらす方が社会的評価を下げている方に挙手しました。社会的評価を下げることが名誉毀損の要件だということを理解してくれたように思います。

　このとき、生徒から、「電話で『絶交』と言われた方が本人は傷つくと思うのですが、法律は守ってくれないのですか？」という質問が出ました。「精神的ダメージを与えられたことを理由に損害賠償を求めることもできる場合があります。ただ、精神的ダメージを与えることと、社会的評価を下げることとは別のこととしてとらえられるのだということをおさえておいてください」と説明しました。この質問のおかげで、名誉毀損とは社会的評価を下げることだと、よりはっきりと生徒に伝わったように思います。

(ⅱ) 名誉毀損にならない要件――表現の自由との調整

　ここで冒頭に挙げた力士の八百長疑惑報道に話を戻します。力士が八百長を行っているという記事は、力士の社会的評価を下げていること、つまり名誉を毀損していることを改めて確認しました。

　しかし、記事を書いた出版社の方にも言い分があるはずです。法律的

な考え方においては、一方の立場だけではなく他方の立場からものを考えることも重要なので、八百長の報道をした出版社の立場からも考えることとし、出版社の持つ権利を説明していきます。

相撲は国技ですから、健全に発展してほしいと願う人は多いはずです。

八百長があったのだとすれば、たとえ力士にとっては都合の悪い記事だとしても、それを報道する自由（表現の自由）を認めることが広く国民の利益になるというように出版社は主張するでしょう。出版社の立場に立ってみたときに、法的に重要なのは、憲法21条で保障される表現の自由、報道の自由、国民の知る権利の実現です。社会では様々な出来事が起きていて、すべてを国民が自力で調べることはできません。そこで、出版社などのマスメディアの報道の自由を保障し、情報が国民に伝わるようにしているのです。

名誉権と表現の自由は、2つともに憲法で認められている重要な権利ですが、ここでは衝突していることがわかりますね。両者のバランスをいかにとるかが課題となります（パワーポイント①）。

では、法律はいかにバランスをとっているのでしょうか。法律は、名誉毀損とならない場合の要件を用意しています。つまり、人の社会的評価を低下させるような表現であっても、その表現の内容が、公共の利害に関する事柄で、公益を図る目的で表現しており、内容が真実である場合は、表現する人は名誉を毀損した責任を負わないとされています。さらに、どんなに取材しても誤る可能性はゼロにはならないので、取材をして真実だと信じるのに十分

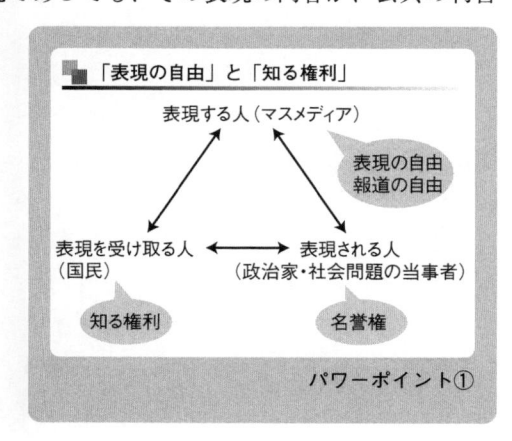

「表現の自由」と「知る権利」

表現する人（マスメディア）
　　　　　↕
　　　　　　　　表現の自由
　　　　　　　　報道の自由

表現を受け取る人　←→　表現される人
（国民）　　　　　　　（政治家・社会問題の当事者）

知る権利　　　　　　　　名誉権

パワーポイント①

な理由がある場合も同様に、表現する人は名誉を毀損した責任を負わないとしています。つまり、法律は①公共の利害に関わること（公共性）、②公益目的、③内容の真実性（ないしは真実と信じる相当性）という3つの要件がすべて満たされたとき、社会的評価を下げる表現でも名誉毀損とはならないということにして、名誉権と表現の自由のバランスを取っているのです（パワーポイント②・③）。

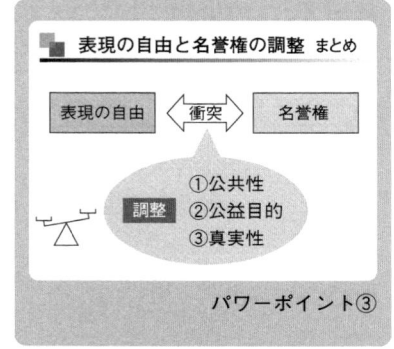

```
■ 表現の自由と名誉権の調整  図
名誉毀損的表現
    公共性   公益
          目的
        真実性   名誉毀損と
                 ならない

                      パワーポイント②
```

```
■ 表現の自由と名誉権の調整  まとめ
   表現の自由  ⇔衝突⇔  名誉権
              ↓
           調整  ①公共性
                ②公益目的
                ③真実性

                      パワーポイント③
```

(ⅲ) 事例の検討

　以上の説明をふまえて、生徒に実際に裁判官になったつもりで、3つの事例が名誉毀損になるかならないか考えてもらいました。名誉毀損が疑われる3つの事例の説明文と、○×で要件の有無を記入する表を配布しました（資料1）。事実と法律の要件を照らし合わせる作業を通じて、法律家の思考法を体験してもらいます。

　生徒同士の協同作業は10分程度でしたが、活発に意見交換がなされていました。続けて、生徒の意見も聞きつつ、解説をしていきます。名誉毀損の責任が問われるのは事例（2）と（3）、責任が問われないのは事例（1）です。紙幅の都合で、事例（1）の解説のみ掲載します。まず、社会的評価は低下しているでしょうか。指名された生徒から「している」との声をもらいます。殺人事件の犯人だと報道されていますので、社会

第7章　インターネット上の言い争い　これって名誉毀損？

資料1

(1) X記者は、入念な取材をした上で、Aが殺人事件の犯人であるという内容の記事を書いた。しかし、実際には、Aは殺人を犯してはいなかった。
(2) Yテレビはニュース番組で、○○市で農業を営むBが生産したほうれん草などの葉物の野菜が、ダイオキシンに汚染されていると報道した。しかし、汚染が確認されるのは「せん茶」についてのみであり、そのことは取材資料を読めば明らかであるのに、誇張した表現で葉物全般が汚染されているかのような報道をした。
(3) 会社員のZは、同僚のC（既婚男性、一般人）が不倫をしているという内容のビラを会社内や会社の受付などに大量に貼り付けた。Cは実際に不倫をしていた。

事例	社会的評価の低下	公共性	公益目的	真実性（相当性）	名誉毀損の責任
(1)殺人事件・犯人報道					
(2)ダイオキシン野菜					
(3)同僚の不倫					

○：あり　×：なし　―：判断不要

的評価は低下しています。では、その報道に公共性はあるでしょうか。生徒から「ある」との声。殺人事件は皆に関わる問題ですから公共性があり、報道の目的も個人的な恨みなどではなく公益目的で行われています。そして、真実性についてですが、事例に書かれているとおり、真実ではありませんでした。ですが、入念な取材をした上での報道なので、真実と信じる相当性は認められます。さて、この事件は名誉毀損になるでしょうか。生徒は「ならない」と返してくれます。公共性、公益目的、真実性・相当性という3つの要件が揃っていますので、社会的評価を低

下させる報道であったとしても、名誉毀損とはなりません。

解説の後、生徒から2つの質問が出されました。1つは、殺人事件の報道の公共性についてで、「殺人というのはごく狭い範囲での出来事だから公共性はないのではないか」という疑問です。私たちは、多くの人が住む街の安全は、みんなの関心事だろうと応じました。

もう1つは、真実と考える相当性についてで、「実際に殺人を犯していなかったのだから、やはり取材は不十分だったのではないか」という質問です。私たちは、実際に殺人を犯していないことを理由として取材が不十分だったことになるならば、どんなに取材しても結果として誤っていれば不十分な取材となってしまうので、「入念な取材」をしていれば真実と信じてもよかったのだと考えてほしいと応じました。どちらの質問も、公共性や真実性という要件を満たすか否かを生徒なりにあてはめてみたことによって生まれたものです。

第1部のまとめのメッセージを伝えます。1点目は、ある事実があったときに、その事実が要件にあてはまるか否かを考えるのが法律家の思考法の特徴だということです。つまり、生徒が実際にいま考えた筋道が、まさに法律家の思考法だということです。2点目は、3つの事例はそれぞれ異なっているけれども、同じ要件をあてはめることで名誉毀損か否かを判断できることです。たえず要件が変わるようでは、名誉権と表現の自由のバランスの取り方が恣意的だと言われかねないし、出版社としても守るべき基準がわからなくなってしまいます。このように法が安定して適用されることも重要なのだと生徒に伝えました。

(3) 第2部──インターネット上の名誉毀損

第2部では、インターネット上の名誉毀損を考えていきます。第1部ではマスメディアと一般人の間で起こる名誉毀損の典型的な事例を考えてきましたが、第2部はインターネットの普及によって一般人同士の名誉毀損が問題となった新しい事例です。ここでのねらいは2つ。まず、

資料2

<事案の概要〜東京地裁平成13年8月27日判決をもとに>
　「本と雑誌フォーラム」は、会員同士が本、雑誌、あるいは自作の小説等についての意見・論評を交わしたり、情報交換を行うオンライン上のコミュニケーションスペースであり、会員であれば誰でも自由に発言内容を閲覧し、自由に書き込みができる。
　X（原告）とY（被告）は共にニフティサーブの会員になり、ニフティサーブが提供する「本と雑誌フォーラム」でID番号とハンドルネームを使用して、しばしば書き込みを行っていた。（Xの実名はYによって明かされていた。）
　平成10年3月21日、Xは、Yの発言「レス（返答）をしようにも訂正ばかりに費やされるような、性急短絡なご発言はほどほどに願います（笑）」等に激怒しており、この発言は自己に対する個人的侮辱であるとの発言をした。この発言をきっかけとして、XとYとの間で以下のような書き込みの応酬が平成10年3月、同年12月、翌11年2月に展開された。

＊＊＊＊＊＊＊＊＊＊＊＊＊＊＊＊＊＊＊＊＊
平成10年3月21日　PM5:50
Y：どう対処してよいか不明ですが、私が思うに、少々自意識過剰の気ではないかと思います。気のせいですよ。○○さん。やれやれ、妄想系ばっかりかい、この会議室（笑）？…

平成10年3月24日　AM1:55
X：上記発言（引用略）という回答が返す「人間の神経そのものが相当ずさんだ、悪意そのものだ」と感じる感性ぐらい誰でも最低ありますがね。…徹底的に相手を貶めた心象を一応、公式の場で披露する、貴方の精神の脱ぎっぷりには脱帽します。ここまで書けば、反感を買うなんてもんではなく、言った当人の精神構造が異常だと確信させてしまうものです。

＊＊＊＊＊＊＊＊＊＊＊＊＊＊＊＊＊＊＊＊＊
平成10年12月8日　PM1:44
X：「人間って間違いを犯す生き物ですね。…それをいちいち指摘して喜んでいる変態な人って「小中学校で生徒のいじめの対象になっている憂さをネットで晴らす、変態的国語教師」みたいで私は嫌ですね…」「ところで他人の経歴肩書きをあげつらうだけあげつらう○○さん、貴方の職業は名乗れないような恥ずかしいものなんだね（^ ^）v。だから言えないんだよね。いえる人に焼きもちやくんだよね。○○さんてかわいそう（;＿;）」

平成10年12月9日　PM2:44
Y：「日本語さえまともに綴れない、読めない「自称東大卒」に至っては、むしろ同情すらしております（自称・病気だそうだからしかたがないんだろうけど。他の東大卒に対して名誉毀損だよな）。」
「ネット上での必須科目は最低限「国語」です。小学校の教科書から復習して出直すことをお勧め致します。」

＊＊＊＊＊＊＊＊＊＊＊＊＊＊＊＊＊＊＊＊＊
　Xは上記のYの発言は名誉毀損にあたると主張し、100万円の損害賠償を求めて訴えを提起しました。
　皆さんが裁判官だったら名誉毀損の成立認めますか？　前半で学んだことを応用して考えてみて下さい。

第2編｜事例集

　事実を要件にあてはめるという思考法を、インターネット上の名誉毀損の事例でもう一度体験してもらうこと。そしてもう1つ、第1部で学んだ従来の名誉毀損の要件がそのまま使えるか否かを考えてもらうことです。

　まず、生徒にインターネットの使用状況を問いかけます。多くの生徒はインターネットを使っており、掲示板も多くの生徒が使った経験をもっていました。インターネット自体の説明を簡潔にし、さっそく事例の検討に入ります。私たちが用意した事例は、ニフティ「本と雑誌のフォーラム」事件をもとにしたもので、会員制のインターネット上の掲示板において原告・被告の双方が互いの人格を攻撃する書き込みを応酬した事例です。実際の事件よりも差別的な表現をソフトにするなどの改変を加えた上で、事件の経緯をまとめたプリントを生徒に配布しました（資料2）。

　社会的評価は低下しているか、低下している場合でも公共の利害に関わること（公共性）、公益目的、内容の真実性という3つの要件を満たしているか。これら第1部で学んだ名誉毀損の要件をもとに、インターネット上の名誉毀損の事例を考えてみるように伝えて、生徒たちのディスカッションに入りました。

　どのグループも熱心に考えていました。

　「さっきの名誉毀損の要件にあてはめれば、公共性も内容の真実性もないから名誉毀損になる。」

　「でも、お互いにひどいことを言い合っている事例だから、原告の社会的評価は下がっていないよ。」

　10分も経たないうちに、このような会話が聞こえてきます。教室をまわっていた私たちは、第1部の要件だけでは納得のいく結論がだせないと多くの班が考えていると感じました。そもそも原告の社会的評価は下がっていないのではないかと生徒が考え出した様子を見て、私たちは第2の問いを発します。「このケースでは社会的評価は下がっていないと主張するためには、どんな理屈なら説得力があるだろうか」という問いで

第7章　インターネット上の言い争い　これって名誉毀損？

す。今までの要件だけでは不十分な場合には、現実に合うように要件を解釈しなおすという法律家の思考法に挑戦してもらう段階に進みます。

　現代の問題に既存の法で対処するという課題だと生徒は感じ取ったのでしょう。活発に話し合っていた生徒たちが、考え込みました。次の言葉を見つけられずにいるグループも見られ、私たちは各班をまわって話し合いに加わっていきました。

　延べ20分程度の時間を経て、生徒に発言を求めました。最初に指名した生徒からは、「状況が違うから今までとは枠組みを変えないといけないと思うのですが……」と、問題提起がありました。次に指名した生徒からは、「インターネットと言っても見ている人は限られているし、インターネットだけの付き合いで本人を知らなければ社会的評価は下がらないのではないのでしょうか。」という意見が出ました。「本人と面識のある人が少ないこと」を社会的評価が下がらないという理由づけとして考えてくれた意見です。

　その後、続くような意見がでなかったので、事例のもとになったニフティ「本と雑誌フォーラム」事件の地方裁判所判決の解説へと進めました。判決では、インターネットでは対抗言論（反論のこと）が容易にできるという特性を踏まえて、インターネット上での名誉棄損にあたるような表現に対してはまず対抗言論を試みるべきとの判断を示しています。そして、対抗言論ができるにもかかわらずしない場合には、名誉毀損は成立しないとしています。

　第1部で考えてきた名誉毀損の従来の要件には隠れた前提があったのです。それは、対抗言論ができない状況を前提にしたものだということです。一個人と出版社などのマスメディアと比べれば、当然マスメディアの方が社会への発信力を強く持っていて、一個人でできる反論はマスメディアより弱い。しかし、インターネットになれば、一個人同士が発信しているものだから対抗言論が容易となります。そこで、対抗言論ができる状況においては従来の要件を場合わけして考えていくことが必要

になります。

　では、地方裁判所の判決はどのような場合わけをして要件を考えたのでしょうか。侮辱を誘発したのか、それとも一方的に侮辱されたのか、という場合わけを判決は考えています。自らの書き込みが相手の書き込みを誘発したにもかかわらず対抗言論を行っていないならば、名誉毀損をされたことにはならない。しかし、たとえインターネット上で対抗言論が容易だったとしても、一方的に侮辱された場合には対抗言論をする必要はなく名誉毀損の成立を認める。このように地方裁判所は判決を下しました。

　なお、こうした地方裁判所の判断からは、表現の自由をできる限り尊重しようとする裁判所の姿勢を見て取ることができます。名誉権も重要な権利ですが、表現の自由もやはり重要な権利であることをここで改めて生徒に伝えました。

　以上のように、インターネットの特性を踏まえた場合わけを従来の名誉毀損の要件に加えることによって、インターネット上の名誉毀損という新しい問題に法律家は対処しようとしています。法律家は、機械的に要件をあてはめるだけでなく、現実に合うよう要件を解釈しなおすこともしています。

(4) まとめ

　第1部、第2部と、法律家の考え方を体験してきたことを伝えて、今日の体験の位置づけを確認しました。

　法律家はまず、事実が法律の要件にあてはまるかを考えます。ある表現によって社会的評価が低下しているかどうか、その表現をするにあたって公共性、公益目的、真実性の3つの要件を満たしているかといったように、まず事実が法律の要件にあてはまるかを考えます。

　しかし、今までと同じ要件だけでは不当な結論を導いてしまう場合には、要件の解釈を修正する必要が生まれます。インターネット上の名誉

毀損の場合は、対抗言論がしやすいというインターネットの特徴をとらえて、対抗言論の可否で場合わけを行って名誉毀損があったといえるか否かを考えていきます。

　以上の法律家の思考法は、法がもつ安定性と現実的妥当性という2つの側面とに対応していることを伝え、まとめとしました。まず、法が安定していることによって、不公平な法の適用が避けられ、人々も安心して行動できるようになります。事実を法律の要件にあてはめるという法律家の思考法は、法が安定しているからこそ効力を発揮します。次に、インターネットの登場によって生じた名誉毀損の変化は、法制定時には想定されていなかったものですが、場合わけを考えることによって既存の条文で柔軟に対処できました。現実に照らして妥当な結論を導く法の現実的妥当性は、法律家の判断が支えています。

　授業の位置づけを確認し、最後にメッセージを伝えました。「普段は意識せずとも、インターネットを使ううちに名誉毀損のトラブルに巻き込まれる可能性があります。法律は遠い世界の話ではありません。今日は名誉毀損を事例に、法律家の考え方を体験してもらいました。少しでも法律家の考え方に親しみを感じてもらえたら、うれしく思います。」このメッセージを伝えて授業の幕が下りました。

3 授業を終えて

　中高生に法律を教えるというと、法律の内容や条文をレクチャーするようなイメージもあると思いますし、それにも有用性があると思いますが、私たちは法律の身近さ、法律家の考え方を伝えられるような授業をしようと心がけてきました。授業を行ってみて、多くの中高生がこの授業を通じて、法律が身近なものであることを感じてくれたようでした。また、中高生であっても、法律を実際の事例にあてはめるという法律家の考え方を十分にできるものなのだと思いました。

私たちメンバーの多くは、中高生の頃、法律や法律家に触れ合う機会がなく、自分とは縁遠いものと考えていました。しかし、日常生活の様々な出来事を法律を通して考えることは、自分たちの問題として法律を考えることにつながります。それは、自分たちの問題として社会を考えることに結びつきます。これから自らの進路を決定し、社会に出て行く中高生にとって、法律が身近だと感じること、法律的なものの考え方を体験することは、人ごとではなく自分のこととして社会を考えるきっかけになるという点で意義があるのではないかと、この原稿を書きながら強く感じています。

　また、「出張教室」は、授業を担当させていただいた私たちにとっても意義のあるものでした。

　私たちは普段の法科大学院の授業では、法律の勉強をしている者同士で会話しています。「出張教室」で、法律について、法律を知らない生徒にわかりやすく伝えなければならないこととなり、最初は戸惑いました。しかし、メンバーとの話し合いやリハーサルを通じて、人に法律をわかりやすく伝えるためには、法律の本質を十分に伝えることが必要であると気づき、法律に対して改めて向き合う良い機会となりました。法律を平易な言葉で語る能力は、裁判員制度を含む司法制度改革が進む中で、法律実務家として大変重要です。私たちは、「出張教室」を通じてこうした自己研鑽の場を得ることができました。

　私たちの「出張教室」は歴史も短く、活動も一部の学校に限られています。ですが、法教育の大切さを思うとき、私たちの活動がこれからの日本にとって決して無意味ではないという、小さな誇りのようなものを感じています。「出張教室」の趣旨を理解し、快く協力してくださった関係各校の先生方と、私たちの拙い授業に耳を傾け、鋭い質問や活発な意見交換をしてくれた生徒の皆さんに、心からの感謝をお伝えしたいと思います。

第7章　インターネット上の言い争い　これって名誉毀損？

4 解説

　法は、他人の社会的評価を低下させる言論活動や表現行為を「名誉毀損」として禁止します。「名誉毀損」は、刑法上は名誉毀損罪（刑法230条）を、民法上は不法行為（民法709条）を構成します。

　ある行為が不法行為すなわち「他人の権利を侵害する行為」として裁判所に認められれば、被害者が加害者に対して損害賠償（慰謝料等）を求めることができます（民法709条・710条）。また、名誉毀損の加害者に対しては、裁判所が「名誉を回復するのに適当な処分」を命令することが認められており（民法723条）、たとえば、謝罪広告の掲載などがこれにあたります。

　名誉毀損において侵害されている権利は、人格権の1つとしての名誉権です。人格権は憲法13条に基づき保障されている重要な権利であるといえます。しかしながら、人格権の保障をあまりに重視しすぎると、言論活動や表現行為が萎縮するなどの弊害が生じます。これでは、同じく憲法上保障される表現の自由や国民の知る権利（憲法21条）を不当に制限することになりかねません。そこで、裁判所は、個々の事件の解決にあたり、人格権と表現の自由という両者のバランスをとる必要があることになります（いわゆる利益衡量）。

　裁判所は、名誉毀損の成立範囲を限定することによって、バランスをとっています。すなわち、社会的評価を低下させる表現であっても、①公共の利害に関する事実に係り、②表現の目的が専ら公益を図ることにあり、③表現の内容が真実であると証明されたとき、または真実であると信じるのに相当な理由があった場合には、名誉毀損の成立を否定するのです。ここからは、国民の知る権利に奉仕するメディアやジャーナリストの活動に配慮する裁判所の姿勢をみることができます。最終的に名誉毀損の成立を認めたものの、上記の考慮を行った事件としては、「ロス疑惑」事件（最高裁平成14年1月29日判決）、ダイオキシン事件（最高

裁平成15年10月16日判決）等があり、私たちの企画内で用いた問題演習の素材になっています。

　今日、名誉毀損が問題となる場面は、メディアが配信する新聞、雑誌、テレビ等の報道にとどまらず、個人が表現の場として用いるインターネット上にも広がっています。私たちが第2部でディスカッションの題材として扱ったニフティ「本と雑誌のフォーラム」事件（東京地裁平成13年8月27日判決）はこのような現代の傾向を象徴するものといえます。同事件は、インターネット上のフォーラムでの発言が名誉毀損にあたるか否かが問題となった事案でしたが、東京地裁は、自由に発言ができるフォーラムの特性、実際に被害者が十分な反論をしていたことなどを考慮して、名誉毀損の成立を否定しました。このような判断の背景には、言論による侵害に対しては、言論で対抗するのが表現の自由の基本原理であるとする考え方（いわゆる対抗言論の法理）がみてとれます。対抗言論の法理がどのような事件に適用されるかは、今後の裁判例の集積を待つことになりますが、同事件は、社会の変化に伴い、裁判所が新たな判断枠組みを作り出した1つの好例といえるかと思います。

　　　　　　　　　　　　　文責：飯島裕希・大友温子・川上由希子

第8章

隣人が目を離したすきに我が子が
―― 隣人の責任は？ 裁判に訴えてもいい？

実施校	都立西高等学校 高校1、2年生の希望者　計31名　120分 都立国立高等学校 高校1年生の希望者　計8名　120分
授業形式	ディスカッション25%・説明75%
主な事例	ある日、山田さんは隣人の小島さんの好意を受け、息子の太郎君を預けて買い物へ出かけた。ところが、小島さんが数分間目を離したすきに、太郎君は池で溺れ死んでしまった。山田さんは小島さんに対して訴訟を提起したが、世間の非難を浴びて止めざるを得なくなった。

1 授業に向けて

題　材	隣人訴訟（子どもを預かった隣人の法的義務、近隣トラブルを訴訟に持ち込むことの是非）、類推適用
ねらい	法律や裁判を通しても唯一の答えには至らない事例を通じて、法律と裁判が万能でないことを伝え、これらが扱う問題についても自ら考える一端にしてもらう。 法律の世界でも、妥当な解決に向けた工夫がなされていることを伝える。

（1）題材選び

　私たちは、法律学の世界では有名な、「隣人訴訟」（1983年）と呼ばれる実例を素材としました。

　隣人訴訟はありふれた一場面から始まります。ある日、A（3歳）が隣家のBと遊んでいたため、Aの親が、Bの親の好意を受けて「Aをよろしく頼む」といって買い物に出かけたのです。

　ところが、Bの親が目を離したすきにAは池で溺れ死んでしまいます。納得のいかないAの親は、Bの親に対して民事訴訟を提起しますが、やがて世間から非難が殺到し、訴えを取り下げざるを得なくなるのです。

　この一連の事態は、法や裁判に対する日本人の意識の現われとして注目され、Aの親の訴訟提起への評価は大きく分かれています。また、Aを預かっていたBの親にはどのような法的義務があったのかも、いまだ議論に決着のつかない問題です。

　隣人訴訟を選んだ理由は、「子どもを預かった隣人の法的義務の程度」、「近隣トラブルを訴訟に持ち込むことの是非」という2点について、法律や裁判を通してもなお、いずれとも割りきれない悩ましさが残っていることでした。

　法律や裁判には、時に「世の中の問題を上手に解決してくれるもの」とのイメージが抱かれます。私たちが法律や裁判に対して受け身になりがちなのは、こうしたイメージにも一因があると思われます。

　しかし、実際には法律も裁判も、そこにかかわる人々が迷いに迷った末の判断であることが多く、後に誤りだったと評価されるかもしれません。むしろ法律や裁判には頼らない方が望ましい解決をもたらすのかもしれません。法律や裁判のこうした不完全さを知ることは、法律と裁判、さらにはこれらが扱う世の中の様々な問題について、自ら考える一端になるのではないでしょうか。

　法律や裁判が万能の装置ではないことを伝え、法律と裁判、そしてこれにかかわる社会の問題に関心を払うきっかけにできないか。これを1

つ目のねらいとして、隣人訴訟を題材に決めました。

　ただし、不完全さを伝えるといっても、単なる不信感を植え付けたいのではありません。法律の世界でも、多くの困難な問題について、妥当な解決を求めて工夫を重ねています。このこと自体は肯定的に捉えるべきであり、授業でも触れたいと考えました。

　そのためには、「隣人の法的義務」という法律問題を扱うにあたって、その工夫の様子を具体的に示すのがいちばんでしょう。最適なのが「民法659条の類推適用」という解釈論でした。「この事例をそのまま条文にあてはめれば高度な義務が課されることになるが、それは必ずしも一般人の感覚に添った妥当な結論ではないため、一段低い義務について定めた他の条文を拝借する」という議論です。

　妥当な解決のために条文を乗り越えるこの議論を紹介することで、法律の世界でも人々の率直な感覚は置き去りにはされておらず、皆が納得できる解決に向けた工夫がされていることを伝えよう。これを2つ目のねらいとして、類推適用をクローズアップすることになりました。

(2) 授業づくり

　1つ目のねらいを実現するには、「子どもを預かった隣人の法的義務の程度」、「近隣トラブルを訴訟に持ち込むことの是非」という2つのテーマについて、簡単には割りきれないことを生徒に実感してもらう必要があります。それには自分で悩んでもらうのがいちばんですから、各々についてディスカッションの時間を設けました。

　その上で、前者の「隣人の法的義務」については、こちらから法解釈における議論を紹介し、法律上の議論を通じても1つの答えには至っていないことを伝えます。

　ここで、妥当な解決に向けた工夫を伝えるという2つ目のねらいも表現します。先に述べた「類推適用」を中心として法解釈を説明する際に、生徒から出される視点と法解釈が考慮する視点との重なり合いを示すこ

とで、法律の世界でも、一般人の感覚を反映しながら柔軟な解決を目指している様子を紹介することになりました。

後者の「訴訟の是非」では、特に専門的な解説はありません。どの立場でも納得できる論拠を持っており、やはり絶対的な答えは出せないことを伝えます。

本番まで残った不安もありました。絶対的な答えがない問題だという結論のせいで、「それなら考えても無意味だった」という感想を持たれないか。議論を丁寧になぞっていくこと以外には、対処するアイディアのないまま本番を迎えることになりました。

2 授業の模様

(1) はじめに
(2) 事例をアタマに入れよう
(3) 小島さんはどんな義務を負っていたのだろう？
　（ⅰ）ディスカッションの意義
　（ⅱ）ディスカッション
　（ⅲ）意見の発表・挙手
　（ⅳ）解説——法律ではどうなっているか
　（ⅴ）補足
　　　～休憩～
(4) 山田さんが訴えたことに賛成？　反対？
　（ⅰ）実際の事件の紹介
　（ⅱ）自主的な話し合いと裁判との違い
　（ⅲ）3つの視点の提示（ディスカッションの導入として）
　（ⅳ）ディスカッション
　（ⅴ）意見の発表
　（ⅵ）まとめ
　（ⅶ）補足
(5) おわりに

第8章　隣人が目を離したすきに我が子が——隣人の責任は？　裁判に訴えてもいい？

(1) はじめに

　授業の始まり。見慣れない企画であるせいか、生徒は様子を窺うような視線を向けています。

　自己紹介に続いて、「今日は途中でディスカッションを挟んだり、何回もみんなの意見を聞いたりするので、盛り上がるも盛り下がるも『参加者頼み』の企画です」と伝え、本論に入ります。

(2) 事例をアタマに入れよう

　教室に戸惑いが残る中、今日の事例を紹介していきます（パワーポイント①参照）。誰の日常にも起こりそうな出来事であることを印象付けたいところです。

・山田家と、隣に住む小島家には近所付き合いがあり、一緒に町内会の仕事などもしていた。

・山田家の太郎と小島家のよしお（ともに3歳）は仲良しだった。
・その日は5月で、汗ばむくらいの陽気だった。
・太郎とよしおは、小島家のそばで遊んでいた。
・そこへ山田妻（太郎の母）が来て、太郎を買い物に連れて行こうとしたが、太郎は嫌がった。
・すると、小島妻が親切で「預かっておきますよ」といったため、山田妻は「お願いします」と太郎を置いて買い物へ出かけた。
・山田妻が出かけた後、太郎とよしおは近くの空き地などで遊んでいた。
・小島妻は家の中で大掃除をしながら、2人の遊ぶ様子を時々見ていた。
・小島妻は、太郎が活発な男児であること、近くにある池が深いことを

知っていた。
- しかし、小島妻が7～8分間目を離したすきに、太郎はその池に遊びに入り、不幸にも溺れて亡くなってしまった。

事例を追うごとに、生徒は今日のストーリーに集中しはじめた様子。授業は、山田さんと小島さんの間に起きたこの不幸な出来事をめぐって行われることになります。

（3）小島さんはどんな義務を負っていたのだろう？
（ⅰ）ディスカッションの意義
さて、1つ目のテーマは、小島さんと山田さんの「（太郎君を）預かっておきますよ」「お願いします」というやりとりの場面まで視点を戻して始まります。太郎君を預かる約束をした小島さんは、太郎君についてどんな義務を負っていたのか。これがテーマです。

太郎君が亡くなった点について「山田さんは小島さんに損害賠償を請求できるかもしれない」ことは、生徒もすぐに思い至るようでした。しかし、当然に損害賠償責任が発生するわけではありません。「大掃除をしていて7～8分間太郎君から目を離したことが、小島さんの負っていた法的義務の違反である」といえる場合だけです。つまり損害賠償請求の可否は、義務の内容次第ということです。

このような議論の意義を確認した上で、「預かっておきます」「お願いします」という約束によって、小島さんがどんな義務を負ったのかを話し合ってもらいます。

（ⅱ）ディスカッション
小島さんの義務の具体的内容について、3～5人のグループディスカッション。それまでは目立った反応のなかった教室に突然、生徒の声が広がります。ディスカッションでは生徒の柔軟さを垣間見ることができて、例えばあるグループでは、「太郎君には1人で池に入るような自我が

あった」という1つの事実から、「だからちゃんと見ていないと危険だ」とする意見と、「しっかりしているのだから目を離してもよい」とする意見が出てきます。

義務の程度 ↕
・一時も目を離さない
・家の中で遊ばせる
・目の届く範囲で遊ばせる
・「池に入っちゃダメ」と注意する
・ずっと目を離していてもよい

板書①

(ⅲ) 意見の発表・挙手

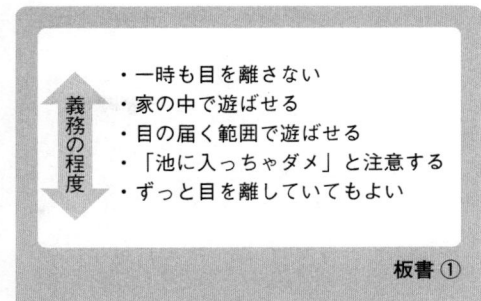

続いて、ディスカッションで出た意見の発表です。これから解説する法解釈は義務の高低をめぐるものですから、「義務の程度」という尺度に位置づけられる意見をピックアップし、順に板書しておきます（板書1）。もっとも、この尺度に乗らない説得力に満ちた意見（「普段どんな遊ばせ方をしていたかで決まる」など）も多数登場して、こちらも動揺させられます。

板書したものについて「あえてこの中で選ぶならどれに近い？」と挙手を求めます。ディスカッションでは子どもの命を重視する意見が多かったものの、「一時も目を離さない義務」があるとする生徒はいません。「家の中で遊ばせる」がきわめて多く、「目の届く範囲で」「池に入っちゃダメと注意」とする生徒が数人ずつ。「ずっと目を離していてもよい」に1人で挙手した生徒からは、「山田さん自身が太郎君からずっと目を離してたんだから、小島さんにも同じ義務しかない」という鋭い指摘があがります。

続く解説では、法律の世界でもこうした多様な意見を反映して、妥当な解決に向けて工夫している様子を伝えていきます。

(ⅳ) 解説――法律ではどうなっているか

「これからみんなに、すごーく眠い話をします。」

笑いは取れたものの、法律上の知識や論理の続出には本当に退屈するのでは、と心配しながらの解説です。

まずは条文の説明です。

> **無償委任契約(タダで行為を委ねる)の義務とは…**
>
> 民法の条文を見てみると…
>
> 最大限ミスをしない、高度の義務
> (善良な管理者の注意義務)
>
> パワーポイント②

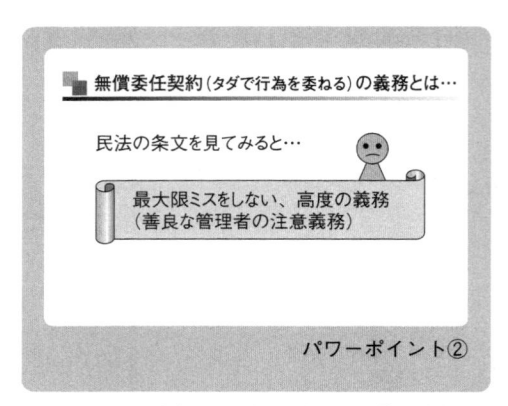

「山田さん・小島さんの約束は、民法で『無償委任契約』といわれます。『委任契約』は相手（小島さん）を強く信頼してある行為（太郎君を預かること）を任せる約束のこと、『無償』とは小島さんが親切心からタダで太郎君を預かってくれたことに対応します。対語は『有償』で、もしお金をもらって預かったなら有償になるわけです。」

「無償委任契約を結んだ小島さんがどんな義務を負うか、条文を見ると『最大限ミスをしない、高度の義務』を負うと書いてあります（パワーポイント②）。」

次に、これでは必ずしも生徒たちの感覚に沿わないという問題について、法律ではどう工夫しているかを伝える場面。話は複雑になりますが、生徒はむしろ集中しており、しきりとメモを取る姿も散見されます。

「この条文に従うと、小島さんには、例えば太郎君を見ておくことに専念する義務があったことになります（『高度の義務』の具体的内容について、実際は様々なものが考えられますが、その点は後に触れることとし、ここではひとまずこの義務に代表させています）。そうすると、小島さんはこの義務に違反したから、損害賠償責任を負うことになってしまいます。

でも、専念するというのは、たとえば『一時も目を離さない』ことですが、先ほどの挙手では、みんなはもっと低い義務でも良いと思ったんですよね。みんなの意見は、条文とは違っているから、間違った答えなのかな？　実は、そんなことはありません。法律はそんなに頑固なものではなく、みんなが納得できるように工夫されているんです。

その工夫の一例が『類推適用』。類推適用とは、①他の似たルールが

あって、②そっちのルールがぴったりなら、そっちのルールに従う考え方も許される、という考え方です。」

「①他の似たルール」を紹介

解説は類推適用の中身へ。まずは「①他の似たルール」の紹介です。「民法には13種類の契約が規定されており、その中に、タダで物を預かってもらう『無償寄託契約』があります。たとえば、トイレに行く間に友達に荷物を持っていてもらう場合など。太郎君を預けるのとどこか似てるよね。

無償寄託契約で物を預かった人の義務については、条文には『中度の義務』で十分だと書いてあり、これが『①他の似たルール』です。

そして、もしこの中度の義務を果たせばよいなら、小島さんは大掃除をしながら時々太郎君の様子を確認する義務を果たせばよかったことになって、損害賠償責任を負わない可能性があります（ここでも、様々な内容がありうる『中度の義務』を、ひとまず『時々確認する義務』に代表させています）。」

「②どちらがぴったりか」を専門性の観点から検討

続いて、高度の義務と中度の義務とでは「②どちらがぴったりか」を考えるヒントとして、無償委任契約と無償寄託契約が、条文上の義務を異にする理由を解きほぐします。

「委任契約では、実はもともと医者や弁護士の仕事のような専門性の高い行為が想定されています。みんなは、もし医者の友達がいてタダで手術してもらうことになったとしても、ちゃんと医者としての注意を払ってほしいよね？　つまり、こういった専門的な知識や経験への信頼は、タダかどうかには関係ないはず。このことから、無償でも『高度の義務』が課されているんです。

比べて寄託契約は、友達の荷物を見ておく例からもわかるように、専門的な知識や経験は不要。そのため、無償ならば『中度の義務で十分』としているわけです。」

ここで、本件の小島さんについて「太郎君を預かっておくことに専門性があったと思う？」と聞いてみます。まずは、「小島さんは幼稚園の先生じゃないし、医者や弁護士みたいな専門性はない」といった発言が続きます。さらに「他の考えの人は？」と聞いていくと、「小島さんもよしお君という同じ3歳の子どものお母さんだから、子どもを預かることについての知識や経験を、山田さんは信頼していたかも」と反対の見方が出てきます。いずれもありうる観点で、どう考えるかによってぴったりな義務は変わってきます。専門性をめぐる判断ひとつとっても、生徒が抱いたのと同じような感覚が、法解釈においても取り入れられているのです。

・**その他の観点からも検討**

さらに、専門性とは別の視点ではどう思うかを聞いてみると、「太郎君は『物』じゃないから、物を預ける寄託契約と同じに考えるのはおかしい」という意見が多く挙がります。これも、類推適用に反対する見解の重要な論拠でしょう。

・**まとめ**

このようにいくつかの視点に触れた後で、この議論をまとめます。「そうすると、ここでのテーマである『小島さんの義務』について、結論としてどんなことが言えますか？」

「いろんな意見が出てきたけれども、その中で、『山田さんは小島さんを強く信頼していたであろうこと』や『太郎君が物ではないこと』を重視すれば、小島さんは高度の義務は負っていたことになりそうです。逆に、『山田さん自身が目を離していたこと』や『太郎君は預かっておくのは難しくはないこと』を重視すれば、中度の義務しかなかったことになりそうです。つまり『何を重視するか』によって結論は変わってくる。だから、今後もみんなで議論を重ねていくほかはないんです。」

唯一絶対の答えは存在せず、生徒たち自身で考えていってほしい、というメッセージです。

(ⅴ) 補足

　以下の2点は、本編に組み込むと大筋が見えづらくなるため、補足として織り込んだ内容です。

・言葉だけを見てわかった気にならないようにしよう

　「これまで『高度の義務』『中度の義務』と一言で言ってきたものの、具体的な内容としては様々な義務が考えられますよね。そして、2つの義務の境界はハッキリとはしていません。こんなふうに、言葉の中身をちゃんと考えることも大事です。」

・前提を疑おう

　「小島さんが親切で太郎君を預かったことを理由に、ここまでは契約が無償（タダ）であることを前提に説明してきたけれど、本当に『親切ならタダ』といえますか？」

　「山田家と小島家には近所付き合いがあったんだから、普段お世話になってるお返しに預かってくれたのかもしれないよね」とのヒントに、生徒から「お返しなら、無償でなく『有償』かも」との声があがります。このような考え方も一部にはあって、そして実は有償の場合、たとえ寄託契約であっても高度の義務を負うことになるのです。

　ここまでが授業の前半。長時間の説明の後でもあり、頭を切り替えるためにも10分ほど休憩をとってもらいます。

（4）山田さんが訴えたことに賛成？　反対？

　休憩後は、太郎君が不幸にも亡くなってしまった後に話題を移します。もし小島さんに法的な責任があるとしても、山田さんがそれを裁判という手段で追及すべきかどうかは別問題。「山田さんが小島さんを裁判に訴えたら賛成できるか、裁判をすることのメリット・デメリットは何か」がここでのテーマです。

（ⅰ）実際の事件の紹介

　リアリティを感じてもらうため、今日の事例が実際に起きたものであ

ることを知らせ、事件のたどった経緯を紹介します。ただし、偏った報道、当事者に対する世間の非難については事実だけを伝えて、その理由や背景については自分たちで考えてもらうことにしています。

・**事件の経過**

事件の経過として、太郎君が亡くなった後、事故の状況について山田さんが話を聞くため訪ねても、小島さんは家から出ようとしなかったこと、そこで、山田さん夫妻は小島さん夫妻に対して民事訴訟を提起したことを説明します。山田さんが「原告」、小島さんが「被告」となることも確認します。

実際の裁判で、一審判決は約500万円の賠償を被告に命じました。原告、被告双方の落ち度を考慮して、原告の請求の3割が認められたものです。「この裁判、どっちが負けたと思う？」と聞くと、「原告が負けた」という意見が出ます。これも何とも言えない問題で、原告は7割分負けているともいえるし、双方の落ち度が考慮されたため両方が負けたと見ることもできます。実際、当初は当事者双方がさらに争う姿勢を見せ、裁判は控訴審に移りました。

・**報道**

続いて、この一審判決を伝える当時の新聞記事を示します。「隣人の好意につらい裁き」という見出し（毎日新聞全国版1983年2月25日夕刊）について、どちらの負けを前提に書いているかを問うと、生徒はしばらく考えて「被告」。その通りで、必ずしも中立的に報じられていないことが分かります。

・**社会の反応と事件の顛末**

加えて、一審判決が報道された後の、両当事者に対する社会の反応、事件の顛末を紹介します。

・原告（山田夫妻）側：

　　夫が仕事先から解雇された。「隣人の心を失ってまで金が欲しいか」といった匿名の手紙や電話が殺到した。太郎の兄弟が学校でいじめ

第8章　隣人が目を離したすきに我が子が——隣人の責任は？　裁判に訴えてもいい？

られた。それらに耐えかね引っ越しを余儀なくされた。いったん控訴していたが、訴えを取り下げざるを得なくなった。
・被告（小島夫妻）側：なお裁判を続けようとしたところ、今度は小島夫妻に対して「負けたんだから謝れ」といった匿名の手紙・電話が殺到し、訴えの取り下げに同意せざるを得なくなった。

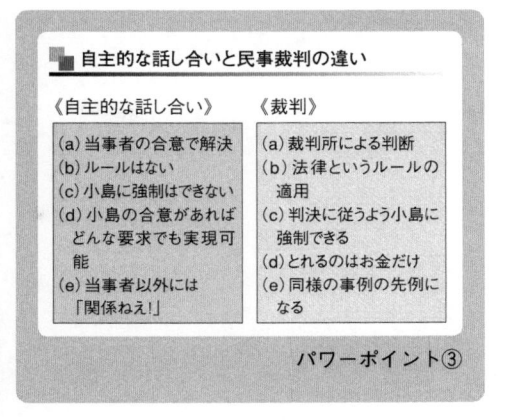

> **自主的な話し合いと民事裁判の違い**
>
> 《自主的な話し合い》
> (a) 当事者の合意で解決
> (b) ルールはない
> (c) 小島に強制はできない
> (d) 小島の合意があればどんな要求でも実現可能
> (e) 当事者以外には「関係ねえ！」
>
> 《裁判》
> (a) 裁判所による判断
> (b) 法律というルールの適用
> (c) 判決に従うよう小島に強制できる
> (d) とれるのはお金だけ
> (e) 同様の事例の先例になる
>
> パワーポイント③

こうした事態を受けて、法務省が「当事者の裁判を受ける権利（憲法32条）が侵害された」として国民に自粛を求める異例の見解を発表したこと（昭和58年4月8日）も紹介します。

(ⅱ) **自主的な話し合いと裁判との違い**

ここでいったん、一般的な話を挟みます。ディスカッションの前提知識を与えるためです。

山田さんは小島さんに対して、謝ってほしい、説明してほしい、損害賠償を払ってほしい……といった様々な要求があるでしょう。

これらを実現するには3つの手段があるといえます。①裁判を介さない自主的な話し合い、②裁判、③実力行使です。②には刑事裁判と民事裁判の2種類がありますが、この事例では民事裁判を選ぶことになります。

さらに、③は現在の日本社会では禁止されていることを確認し、①と、②のうちの民事裁判との違いを説明します（パワーポイント③）。訴えることの是非についてはこの両者の違いがヒントとなるからです。

(ⅲ) **3つの視点の提示（ディスカッションの導入として）**

ディスカッションに入る前に、新たな登場人物を紹介します。

第2編 | 事 例 集

```
┌─────────────────────────────────────┐
│ ■ 山田さんが訴えたことに、賛成？ 反対？ │
│        ～ディスカッション・タイム～      │
│                                     │
│   (人)    (人)     (人)    (人)      │
│  山田さん  友近さん  芋洗坂さん        │
│ ・遠く離れた街│・山田さん、│・太っ腹で子ども好き。│
│  に住む。  │ 小島さんと │・娘(4歳)の友達を預  │
│ ・この近所にずっと住│ 友達   │ かることがよくある。│
│  んでいる。│       │                │
│                          パワーポイント④│
└─────────────────────────────────────┘
```

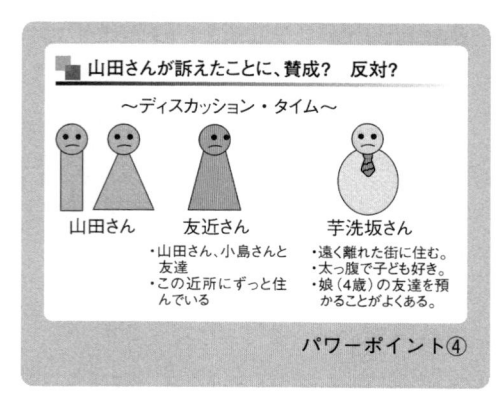

・友近さん…山田さん・小島さんの友人で、この近所にずっと住んでいる。（だから「友近」さんです。）
・芋洗坂さん…遠く離れた九州のある街に住む。子ども好きで、娘（4歳）の友達をよく預かったりする。

そして、訴えることへの賛否について「自分が山田さんだったら」「友近さんだったら」「芋洗坂さんだったら」という3つの視点から考えてもらうよう言います。それぞれ、当事者、近隣住民、社会的影響という視点からどう考えるかという問いかけですが、リアリティをもって検討してもらうために具体的な登場人物を設定しています（パワーポイント④参照）。

なお、「山田さんだったら」では、誹謗中傷の手紙等が殺到した事実だけは頭の外においてもらいます。このショッキングな顛末だけで「こんな目に会うなら訴えない方がいい」と結論を出してしまわずに、様々な観点から検討してほしいからです。

(ⅳ) ディスカッション

このようにいくつかの注文を付けて、再びグループディスカッションへ。芋洗坂さんにどのような関係があるかは分かりづらいところなので、私たちも各グループに混じり、判決が先例になること（パワーポイント③の《裁判》(e)）を再度補足します。

なぜ山田さんの夫が解雇されたのかなど、あえて解説を避けた点について生徒同士で説明しあう姿が見られます。さらに、「今の時代だったら、当事者はネットで責められもっとつらい思いをしたはず」と想像力を膨らませているグループもあります。

（ⅴ）意見の発表

ディスカッションを終えたら、意見の発表です。以下が、生徒から出てきた意見の一部です。

○…裁判のメリット、訴えることに賛成の理由
×…裁判のデメリット、訴えることに反対の理由

・山田さんだったら（当事者）
○…「家から出てこない小島さんを裁判の場に引き出して、詳しい経緯を聞いたりできる。」「責任の所在がはっきりする。お金しかもらえないけど、それは責任があることの象徴なのでは。」
×…「裁判にしてしまうと、余計に小島さんは意固地になって話し合いにくくなる。」「山田さん自身にも落ち度があるのにおかしい。」

・友近さんだったら（近隣関係）
○…「訴訟にすることで、小島さんが謝って解決するかもしれない。そしたら友近さんも嬉しいはず。」「素人同士で話すよりも裁判官が入った方がいい。」
×…「訴訟をしたらこの地域の人間関係は崩壊しちゃう。」「すごく気まずい。」

・芋洗坂さんだったら（社会的影響）
○…「よその子を預かったらどのくらい注意すべきか、基準が明らかになる。」「今後、責任をもって預かるようになる。」
×…「山田さんが負ければ子どもを預ける親はいなくなり、山田さん勝てば預かる親がいなくなる。どっちが勝っても良いことはない。」

（ⅵ）まとめ

山田さんが訴えたことの是非についても、まとめとして伝えたいのは、先ほどの小島さんの義務の問題とまったく同じです。

「みんなが挙げてくれた意見の中で、『責任の所在がハッキリすること』や『よその子どもを預かったときの基準が明らかになること』を重視すれば、山田さんが訴えたのは正しかったといえそうです。逆に、『山田

さん自身にも落ち度があること』や『人間関係が崩壊してしまうこと』を重視すれば、訴えたのは間違っていたことになりそうです。やっぱり『何を重視するか』によって結論は変わってくる。だから、さっきと同じことをいいますが、今後も議論を重ねていくほかはないんです。」

(vii) **補足**

「色々な見方がある」といった本編のメッセージの中に紛れ込ませてはいけないこともあります。両者に裁判を断念させた、匿名の誹謗中傷についてです。

「先ほどの法務省の見解の中に出てきましたが、憲法に、『何人も、……裁判を受ける権利を奪はれない』という条文があります（憲法32条）。そもそも匿名の誹謗中傷は避けるべきものですが、裁判を受ける権利を奪ったという意味でも、この事件の誹謗中傷は許されないはずです。」

(5) おわりに

長かった授業のおわりに、いちばん伝えたかったことを話しました。

「もし世の中に法律や裁判がなかったら、どうなるでしょう？　法律がなければ、小島さんがどんな義務を負うか考える手がかりはなくなります。裁判がなければ、山田さんは泣き寝入りするか、逆に乱暴な手段に出ざるを得なくなるかもしれません。法律も裁判も、トラブルを解決するための、人類の長年の知恵だといえるでしょう。

でも、今日みなさんにご紹介した事例は、完全に『解決』されていますか？

小島さんがどんな義務を負っていたか、山田さんが訴えるべきだったのか、自分なりの答えが出た人もいるでしょうが、どこか、よくわからないモヤモヤした感じが残ったのではないでしょうか？

今日、私たちはわざとそういう事例を紹介しました。

法律や裁判によってすっきり解決されているトラブルも、世の中にはいくつもあります。そういう例を紹介して『こんなに法律や裁判はすば

らしい』と言うことは難しくありません。でも、私たちはそれをしませんでした。
　なぜなら、こうした長年の知恵によってもなお解決されていない問題が、こんな身近な事例の中にもあることを知ってほしかったから。そして、そういう問題こそが、今後みなさんや私たちが挑んでいくべき問題だと考えているからです。
　それでは、今日はこれでおしまいです。長い時間お付き合いいただいて、ありがとうございました。」

3 授業を終えて

　授業中は動揺の連続でした。「高度の義務」といった言葉の多義性については後に触れるつもりで進めていても、その場ですぐに「『高度の義務』は、絶対に太郎君を見るのに専念することを指すんですか？」と質問が飛びます。「山田さんと小島さんが普段子どもをどんな風に遊ばせているかが『太郎君を預かる約束』の内容だから、義務はそれによる」という意見はある面で本質を突いているのに、こちらの想定外だったためにうまく授業に取り込めません。
　「所詮、相手はまだ高校生」どこかにこんな気持ちがあったのでしょう。それによる準備不足のために、生徒の能力と熱意に応じきれなかったことが最大の後悔です。
　とはいえ、唯一の答えが出てこない今日の議論に、生徒は普段の授業とは違う新鮮さを感じてくれたようです。拙い授業進行の中でも果敢にこの悩ましいテーマに挑んでくれましたし、授業後のアンケートでも「白黒つかない微妙な問題で面白かった」といった感想は多く見られました。
　また、「法律の、条文を覚える堅いイメージが、条文を元にいろんな方向に考えるイメージに変わった」、「専門家に任せてしまえばいいので

はなく、自分のこととして考えるべきだとわかった」といった記述から、授業が何とかねらいに沿っていたことを確認させてもらえます。

扱った事例も「日常生活でも起こりそうで興味が持てた」ようで、先生方にも、身近である点と、見方によって結論が変わる点を評価していただきました。この事例の持つこうした要素が、生徒の熱心さとあいまって活発なディスカッションをもたらしたのでしょう。

数人の生徒は、授業の悪かった点として「考える時間が短かった」ことを挙げました。「答えがないなら考えても無駄だ」と思われないか、などという当初の不安は杞憂だったのかもしれません。

4 解　説

(1) 実際の事件

裁判所（津地裁昭和58年2月25日判決）の認定では、小島は「預かっておく」と明言してはおらず、「大丈夫でしょう」と言ったにとどまります。このこともあって、判決では契約の成立自体が否定され、契約に基づく義務の高低については判断されていません。ただし、契約の成立を前提としない不法行為責任（民法709条）について、「幼児を監護する親一般の立場における注意義務の違反」が認定され、小島の不法行為責任が認められています。

授業では、先に述べた理由で「類推適用」を扱うことにしましたが、これは契約に基づく義務についての解釈論です。そこで、小島の台詞を実際とは変えて、明らかに契約が成立する事例にアレンジしています。

(2) 小島の義務の程度

委任契約の受任者は、法律の条文ではたとえ無償であっても「善良な管理者の注意義務」という高度の義務を負うこととされています（民法644条）。しかし、本件のように好意で子どもを預かった場合には過度の

負担とも思われることから、解釈によって義務を軽減することができないかが議論されています。

そうした解釈の1つが、無償寄託契約における「自己の財産に対するのと同一の注意義務」(授業では「中度の義務」とした)の規定(民法659条)の類推適用です。実際の訴訟でも、被告側の代理人がこの解釈にのっとった主張をしていますが、(1)でも述べたように、この点は判決では判断されませんでした。

他にも、民法には規定のない、軽度の義務を生じさせる特殊な契約が成立したと見て、同様の結論を導く解釈もあります。

(3) 山田が訴えたことの是非

実際の事件で山田が訴えたことについては、学者やマスメディアだけでなく、子をもつ母親たちや保育関係者もまじえた大議論がされました。子どもを亡くしたやりきれぬ気持ちの表出として理解を示す立場や、隣人の親切を蔑ろにし、近隣の人間関係を壊してしまう行動として批判する立場があり、賛否いずれが多数ともいえません。

文責：宮井麻由子

第9章

ゴミ置き場に関するルールづくり

> | 実施校 | 県立熊本高等学校
> |---|---|
> | | 高校1年生の希望者　計72名　65分 |
> | 授業形式 | 対話方式15%・ディスカッション25%・説明60% |
> | 主な事例 | AさんとBさんの住む地域では、Aさん宅前にゴミ置き場があった。そして、ゴミ置き場の掃除はAさんが自主的に行ってきた。この地域に新たにCさんが引っ越してきた。その結果、ゴミの量が劇的に増えた。そこで、Aさんは不満をもち、ゴミ置き場に関するルールを再考することを提案し、A・B・Cで話し合うことにした。 |

1 授業に向けて

題　材　ルール作り

ねらい　法が備えている特徴について、具体的事案を解決するルールを考えることを通じ、感じてもらう。

(1) 題材選び

　法は、人が社会をつくり共同生活を送る上で突き当たるさまざまな問題を解決するものです。そして、その問題とは、大きなものでは公害問題から、小さいものでは隣の家の犬がうるさいといった問題までありますが、いずれも生の人間の利害対立に因るものです。そこで、法を伝える授業を行う際には、できるだけ実際の人間同士の生の利害対立があり、

それを解決するという方法を採りたいと思いました。また、私たちが高校生であれば、「行列のできる法律相談所」などのテレビで見るような法律の豆知識は、わざわざ法科大学院生の行う授業では聞きたいとは思わないだろうと考えました。

そうした中、私たちの「出張教室」という企画のルーツである、アメリカでのStreet Lawという取り組みで具体的に行われている授業について知る機会がありました。そして、その授業の1つとして「ルール作り」があることを知りました。

「ルール作り」とは、身近に生じうる具体的な問題を解決するために、さまざまな利害対立を踏まえて、どのようなルールを作るのかを考えてもらうという授業です。そして、問題解決のためにどのようなルールを作るのかを考えることによって、最終的には、法の根底にある価値を感じてもらうという授業です。

この授業はまさに私たちの意図にかなうものです。そこで、私たちはルール作りの授業を行うこととしました。

(2) 授業づくり

ルール作りの授業を行うに当たっては、どのような「事案」につき、どのような「作業」を通じて、どのような「価値」を感じてもらうかが問題となります。そこでこれから、「事案」、「作業」、「価値」の順番で、どのようにして決定していったのかを説明します。

事案決定にあたっては、当初ニュースを参考にして現実社会で今まさに問題となっている事案をベースにできないかを検討しました。しかし、最終的には法教育推進委員会編『はじめての法教育』で紹介されていた、「ゴミ置き場」の事案をベースとすることとしました。なぜならば、社会で具体的に問題となっていることの多くは、一対多の利害対立や、マクロな政策的調整の問題が多く、生の利害対立構造を捉えにくいものがほとんどであったからです。その点、ゴミ置き場問題という身近な事

案だと、生の利害対立が把握しやすいと思いました。ですから、生の利害対立を踏まえ、ルール作りによる解決を通じて、法の根底にある価値を感じてもらう、というこの授業の目的が達成しやすくなると考えました。

次に、適切な授業形式を探るため、東京大学に在学する学生（法学部以外の学生を含む）を対象として実験授業を行うこととしました。私たち法学教育を受けているものは、どうしても法的観点から事案を見てしまうので、法律を勉強していない人の観点からずれてしまうところがあります。そこで、法律を勉強してない人はいかなる観点からこの事案を考えるのかを知った上で、事案に調整を加えようと思ったからです。また、授業の素人である私たちにとって、授業で何が起こるのかの情報を集めたかったからです。

実験授業の結果、「事案」、「作業」の両面からいくつかのフィードバックを得ました。まず「事案」についてですが、当初は大雑把な事案設定しかしていなかったためか、「ゴミ置き場に完全防臭の仕組みを導入すればいい」とか、「利害対立は絶対に解決できないのだから、社会的効用を最大化するには全ての居住者からの距離の和が最短になる地点を選べばいい」といった、利害対立を超越した観点が出されやすいということがわかりました。

また、「作業」の方法についてですが、「一から討論して、最終的なルール決定までしてもらう」という方式は、1時間程度の授業時間では時間が足りないとわかりました。

そこで、これらをふまえて、授業づくりに調整を加えました。まず、「事案」としては、利害対立の解決を体験してもらいたいので、利害対立を超越した観点を出しにくいように、事案を細かに設定することで調整しました。

また、「作業」は、法の根底にある価値を感じてもらうことが今回の授業の目的ですので、必ずしも討論形式である必要はないと考え、ワー

クシートを通じて、各当事者の対立する利害を考えてもらい、その利害調整のためにどのようなルールを作ればいいのかを考えてもらうことにしました。

　授業で伝えるべき「価値」については、今回の事案において問題となる価値は、誰がどの程度不利益を負担するのかという「負担の公平性」や、「全体の不利益の合計が最小」になるという視点、さらには、地域のみんなのためのゴミ置き場であるからといって、あまりに過大な負担をさせるのは妥当ではないだろうという「手段の相当性」などが問題となると考えました。

　私たちが授業づくりにあたってもっとも迷いのでた部分は、これらの価値の関係性でした。もし、その価値の間に上下関係があるものであるとしたら、下位の価値を重視することが誤りと考えることになりますが、それらの関係性が対等の関係にあるのだとしたら、どの価値を重視するかは個人の感じ方の違いに過ぎないからです。この問題に関しては、「負担の公平性」「全体の不利益の合計が最小」「手段の相当性」等の価値は互いに対等であり、その上位に「納得できる」という価値があるのだろうという結論を得ました。

2 授業の模様

(1) 自己紹介・導入
(2) 事案説明
(3) 作業1――当事者間の利害対立を把握しよう。
(4) 作業2――どこをゴミ置き場にすべきか考えてみよう。必要ならば、条件もつけてみよう。
(5) まとめ

＊今回の授業では、プリントを2枚配りました。1枚は【事案説明】で、もう1枚は【ワークシート】です（事前配布）。

第2編 事例集

テーマ　ゴミ置き場をどこにすればいいか考えてみよう！

【事案説明】

　ここは新大江町の住宅地です。

　ここにはもともとA宅、B宅がありました。そして、この地域のゴミ置き場は、ずいぶん前からA宅の前にありました。ゴミ収集車がやってくる時間は、遅いときには11：30にもなります。

　では、今からここの住民のみなさんを紹介します。

　A宅は一軒家です。古くからの住人です。家族構成は、父（サラリーマン）、母（主婦）、息子（大学生）、娘（高3）の4人家族です。一般家庭の標準的な量のゴミが出ます。母が、ゴミ収集所の掃除をずっと行っています。

　B宅は、B（理系の大学生、22歳）が一人暮らしをしています。大学の実験や、卒論の準備で、ほとんど家には帰ってきません。ですから、ほとんどゴミも出ません。ところで、地図で見てもらって分かるとおり、Bの家の前は少しスペースがあって、ゴミ置き場にするにはちょうどよい感じです。

　Cは新しい住人です。Cの一人息子が独り立ちしたため、Cが脱サラし、夫婦で居酒屋を経営しようと新大江町の一軒家を借りたという経緯があります。1階部分が居酒屋、2階部分が住宅となっています。居酒屋といっても、夜だけだと食べていけないため、昼間もランチ営業を行っています。営業時間は11：00～14：00、17：00～23：00です。カウンターと座敷があり、15人くらいまでは入ります。宴会の予約が入る以外は、だいたい5～6人のお客さんが常時います。

　さてさて、この町内でゴミ置き場をめぐる問題が勃発してしまいました。

　Cが転入してきたことで、ゴミの量がとても増えてしまいました。そこで、今までずっとゴミ置き場が自分の家の前であることを我慢し清掃まで自主的に行っていたAの妻の不満が爆発してしまいました。ゴミ置き場の場所を変えるべきだ！　と主張しています。

　そこで、このA、B、Cが集まって話し合うことにしました。

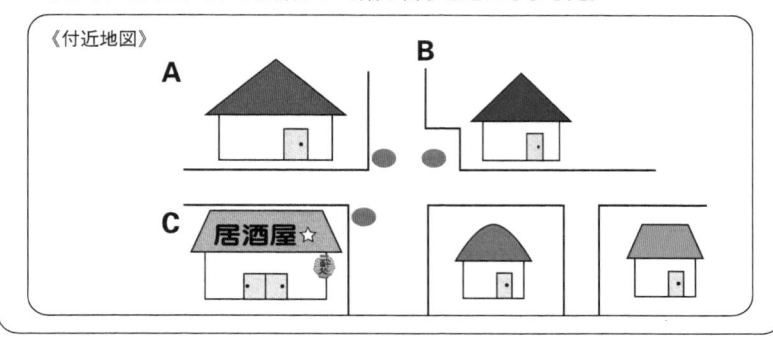

《付近地図》

(1) 自己紹介・導入

　まず、私たちが法科大学院で勉強している学生であること、そして法科大学院とは、法律家を目指す人が行く大学院であることなど簡単に自己紹介を済ませた後に、「今日は、みなさんに、ゴミ置き場をどこにするか考えてもらいます。」と、今回行う授業内容について説明しました。生徒は、"法科大学院生が授業を行いにくる"ということだけしか聞いていなかったようで、もっと法律的なことをするのかと予想し、これを聞いて驚いた生徒もいたようです。

　今回の私たちの授業のねらいは、ゴミ置き場をどこにするか、というルール作りを実際に体験することにより、様々な利害が対立する人々で構成されている社会の中で、ルールは何のためにあるのか、勝手に作っていいのか、ルールを作るときにはどういうことを考えないといけないのか、ということについて考えてもらうことであり、それを通じてルールとは何か、ということを考えてもらうきっかけにしてもらうことです。このねらいを生徒に伝えました。

　生徒の反応としては、「そんな簡単なことをするのか」といったものでした。確かに、ゴミ置き場について考える、ということだけをみると平易であり、高校生には易しすぎるかもしれません。しかし、私たちの意図としては、ただゴミ置き場を決めればいいということで完結する話ではなく、法というのはどんな存在なのか、という根底的なことを考えてほしいということにありました。実は奥深い、ということを生徒に感じてもらえるのか、少々不安に思いながらも授業はスタートしました。

(2) 事案説明──講義

　一通り今回の授業の意図を伝えた上で、授業の中身に入っていきました。授業は仮想事例に基づき、実際にルールを作るというものであるので、まず、その事案を説明しました。

　事案は、配布した【事案説明】のプリントをもとに、モニターにパワ

ーポイントのスライドを映し、図画を用いながら説明しました。その理由は、授業は事案に基づいて行われますので、事案をしっかりと頭に入れてもらうことは必要不可欠だからです。

事案は【事案説明】のプリント通りですので、ここでは省略します。

(3) 作業1──当事者間の利害対立を把握しよう

事案の説明が終わった後、いよいよルール作りにとりかかります。ルール作りといっても、法の根底にある価値観を感じてもらうという今回の授業趣旨から、「問題解決の前提となる当事者間の利害対立の把握」に続いて、「考えられうるルールについて納得できるかどうかを検討する」、という段階までしか行いませんでした。

作業1・作業2と、作業を2つに分けましたが、作業1は、「問題解決の前提となる当事者間の利害対立の把握」をねらいとしています。作業2は、ルールを作ることで法の根底にある価値観を感じてもらう、ということをねらいとしています。作業方法としては、生徒に【ワークシート】を完成させてもらうこととしました。

まず作業1です。作業1の【ワークシート】は、①当事者の主張、②それに対する反論、と2つにわけ、段階を踏んで考えてもらいました。

第9章　ゴミ置き場に関するルールづくり

テーマ　ゴミ置き場をどこにすればいいか考えてみよう！

作業1

① 「Aの家の前に置くのがよい」という主張の理由として、どのようなことが考えられるか。

[　　　　　　　　　　　　　　　　　　　　　　　　　　　　　]

「Bの家の前に置くのがよい」という主張の理由として、どのようなことが考えられるか。

[　　　　　　　　　　　　　　　　　　　　　　　　　　　　　]

「Cの家の前に置くのがよい」という主張の理由として、どのようなことが考えられるか。

[　　　　　　　　　　　　　　　　　　　　　　　　　　　　　]

② 反対に、ABCそれぞれから、どのような反論ができるだろうか。

A [　　　　　　　　　　　　　　　　　　　　　　　　　　　　　]

B [　　　　　　　　　　　　　　　　　　　　　　　　　　　　　]

C [　　　　　　　　　　　　　　　　　　　　　　　　　　　　　]

《作業1①──A・B・Cの家の前にゴミ置き場をつくる場合の、主張や理由を考えてみよう》

　制限時間3分、周りと話し合ってもよい、という条件をつけて、作業をスタートさせました。

　生徒たちは、最初のうちは【ワークシート】とにらめっこしていましたが、私たちが作業中に生徒に話しかけたり、生徒同士の議論を誘導したりしていくうちに、わいわいがやがやと周りと活発に意見交換をしながら考え始めてくれました。

　作業時間が終了したら、当事者の利害対立を整理することが必要です。これは時間の許す限り生徒にあてながら進めました。本来は、生徒同士で議論する時間を設けたかったので、グループを作ってのディベート方式としたかったのですが、今回は短時間の授業で、かつ70人を超える生徒が集まってくれたため不可能でしたので断念しました。ところで、【ワークシート】の問いは簡単であり、正解も不正解もないものばかりなので、生徒はあてられて発表することに抵抗はないようでした。

　まず、「Aの家の前に置くのがよい」という主張の理由について、生徒からは、今までAの前だったのだからそのままでいいのではないか、という意見が出ました。それはその通りで、実際にゴミ置き場の場所を変えるとなると、役所に連絡するという手続きが必要で面倒な側面があることもあります。

　次に、「Bの家の前に置くのがよい」という主張の理由については、Bの家の前にはちょうどいいスペースがあるからいいのではないか、という意見が出ました。

　最後に、「Cの居酒屋の前に置くのがよい」という主張の理由については、Cは一番多くゴミを出すからいいのではないか、という意見が出ました。Cが一番多くのゴミを出す、という理由については、ゴミの臭いという点や清潔さという点では生ゴミが主に問題となると思うのですが、飲食店から出る生ゴミの量は半端じゃないので、特にわかりやすい

理由だと思います。

これで一通り、作業1①の整理が終了しました。これを踏まえた上で作業1②に移りました。

《作業1②──作業1①の主張に対して、当事者はどう反論するか考えてみよう》

②は、家の前がゴミ置き場にされた人からどのような反論ができるのか、ということを、①と同じように制限時間を3分とし、周りとの話し合いをしながら考えてもらいました。生徒は作業に慣れ、あっという間に終わってしまったようなので、3分という時間は長すぎたようでした。作業が終わると、①と同様、生徒にあてながら整理をしました。

まずAの反論としては、Aは今まで我慢してきたのだからかわいそうということが生徒から挙げられました。確かに、今までずっとAの家の前にあったじゃないか、という反論ができそうです。しかも、Bが引っ越してきてゴミの量が格段に増えましたので、今までとは状況が違うから、それをも我慢させるのはかわいそうだともいえます。

次に、Bからの反論です。これについては、Bは少ししかゴミを出さないのだから、Bの前がゴミ置き場になるのは受け容れがたいのではないか、という意見が出ました。確かに、Bからすると、たくさんゴミを出しているCの尻拭いをさせられている、という感じがすると思います。

最後に、Cからの反論としては、Cの前にゴミ置き場があると、Cの居酒屋の客足が減る、ということが挙げられました。Cも生活がかかっていますから、これは、比較的深刻な問題かもしれません。

ここまでで、事実の中から当事者の利害対立を把握し、整理することができたというかたちになります。もちろん、授業中に挙がらなかった主張や反論を考えてくれた生徒もいたと思いますので、授業中に挙がったものだけが正解ではないことを伝えて、次の作業に移りました。

（4）作業2――どこをゴミ置き場にすべきか考えてみよう。必要ならば、条件もつけてみよう。

　作業2も作業1と同様に、【ワークシート】に従って、時間制限を設定した上で、生徒同士で話し合ってもらいながら進めました。

　作業2のねらいは、実際にルールを作ってもらうことを通して法の根底にある価値観を感じてもらうこと、でした。

　まず、生徒が、誰の家の前にすべきと考えたのか、手を挙げて答えてもらいました。その結果、Bの前がいいと思う人が多いようでした。

　続いて、作業2について作業内容の整理を始めるにあたって、まず、ルールというものは「納得できる」ことが大事である、という一般論を話しました。その後に、ゴミ置き場をAの前にする、Bの前にする、Cの前にする、という考えられ得る3つのルール全てについて、それぞれのルールは「納得できる」ものか、そしてそれはどうしてなのか、について、生徒にあてながら解説していき、法の根底にある価値観を感じてもらおうとしました。

　まず、Aを選んだ場合のことを考えてみます。Aを選んだ生徒にあて、Aにした理由を聞いた後に、何か条件はつけたかを質問しました。その生徒は、e.「他の人が掃除する」という条件をつけたようです。それは、Aが1人で頑張っているから不満なのかと思い、みんなで頑張るような形にしてやれば問題が解決するのではないかと考えたから、ということでした。

　この答えは、掃除を他の人がやるということによって、みんなで分担して負担しようということを表しています。授業ではこのことを「負担の公平」と呼び、「負担の公平」は「納得できる」ルールになる理由の1つとなりそうだ、と説明しました。

　次は、Bを選んだ場合についてです。Bを選んだ生徒にあて、その理由を聞くと、家の前にはちょうどよいスペースがあるし、Bはあまり家にいないからだということでした。

第9章 ゴミ置き場に関するルールづくり

作業2

　では、**明日からのゴミ置き場として、だれの家の前にするのがよいのだろうか。**
　・Aの家
　・Bの家
　・Cの家

【付加すべき条件あるかな？】
　必要だと思うものがもしあれば、○をつけてください。条件はつけなくてもいいし、つけるとしてもいくつ選んでもかまいません。（今回は、条件はこの中からしか選べないこととします。）

《考え方の例》Aの前がいいと思うが、ただし×という条件をつける必要がある。

```
   a．ネットをかけて出す
   b．分別して出す
   c．各家庭から出るゴミの量を減らす
   d．ゴミ置き場になる家の人にお金を払う
   e．ゴミ置き場になる家の人以外の人が掃除する
   f．ゴミ出しのルールをまちがったら、
      ゴミ置き場は次からその人の家の前にする
```

【その場所にした理由、条件をつけた理由も考えてみよう!!】

まず、ちょうどよいスペースがあるので、Aの前やCの前をゴミ置き場にするよりも、みんなの通行の邪魔になりません。次に、Bがあまり家にいないので、AやCに比べ、Bは不快な時間をあまり過ごさなくてよいということがいえます。ここでは、Bの前をゴミ置き場とする場合と、他の場合との負担の量の比較ということが行われています。Bも、あなたの前にゴミ置き場を設置する場合が、一番みんなが被る負担は少ない、といわれれば納得できると考えられます。このことは、「全体の不利益の合計が最小」であるとして、「納得できる」ルールの理由となりそうだ、と説明しました。

　最後に、Cの場合についてです。Cを選んだ生徒は、ゴミをたくさん出しているから、という理由を発表してくれました。確かに、Cは一番たくさんゴミを出しているから、仕方ないと思えます。問題の原因を一番作っている人だから、自分の前になっても納得できるのではないか、ということです。

　次に、条件をつけたか尋ねると、生徒は、c.「ゴミを減らす」という条件をつけることを選んでくれました。このことは、次のことを意味しています。

　確かに、ゴミ置き場はCの前でいいかもしれません。しかし、それでゴミの収集場所が決まる、というルールの目的が達成されるのだとしても、それによってCの収入が減りCが経済的に過酷になり生活できなくなってしまうとしたら、Cがあまりに可哀想だということになりそうです。ゴミ置き場が決まったとしても、Cが人間として生活できないという状況になるとしたら、さすがにそれはよくないのではないかと考えられます。ですから、生徒が選んでくれたようにできるだけゴミを減らしてあげるとか、他には、掃除を手伝ってあげるという条件をつけることで、ゴミ置き場が決定されるという利益と、Cの被る不利益とのバランスをとってあげることが必要ではないかという考え方を紹介しました。授業ではこのことを「手段の相当性」の問題と説明しました。「手段の

相当性」とは、つまり、ゴミ置き場が決まるという目的が達成されることで皆が全体として得る利益と、それによって不利益を負う人の負担がつりあっていることが必要である、ということです。「手段が相当」である、ということも、それは「納得できる」ルールの理由となりそうだ、と説明しました。

ところで、「手段の相当性」はCの場合特に問題となりますが、AやBでも同じように問題になる可能性はあります。

作業2の整理はこれで終わりとしました。私たちは「納得できる」根拠の例として、以上のように「負担の公平」、「全体の不利益の合計の最小」、「手段の相当性」の3つを挙げて説明しましたが、もちろん、他にも「納得できる」根拠というものはあります。そこで、生徒には、時間の関係でほんの一部の考え方しか伝えられていないこと、授業中に自分の考え方が紹介されていなくても間違いではないことを伝え、気になるところがある人は、放課後に質問にくるよう伝えました。

(5) まとめ——講義

今までの授業で何をやってきたかを振り返った上で、まとめとして、私たちがルールにとって一番大事であるとして伝えた、みんなが「納得できる」ということはどういうことであるのかについて、ここで詳しく解説をしました。

なぜ納得することが大事なのか。それは、みんなに納得してもらえないようなルールは守ってもらえないし、適切なルールとして機能しないからです。「納得できる」ということは、言い換えると、合理的な理由があるということであり、合理的な理由があるということは、つまり、理由として説得力があること、を意味します。たとえば、Bの家の前をゴミ置き場とすべきだという意見を主張するときに、「Bは誰よりも若いから家の前にゴミ置き場があってもよい」という理由づけをしたとしても、（今の日本では）説得力があるとはいえません。しかし、「Bさんは家

にいる時間が短いからいいじゃないか」という理由であれば、それなりに、なるほど、と思うのではないか、ということです。説得力がある理由と説得力がない理由は、当事者の立場が変わったとしても受け容れることができるほどの根拠があるかどうか、で区別されるのです。

今回私たちは、「納得できる」理由の例として、「負担の公平」、「全体の不利益の合計が最小」になること、「手段の相当性」という3つの考え方を挙げたということを振り返りました。なお、ここではゴミを最も出した人（C）の前をゴミ置き場とすることに納得できるかという点については、一般化が難しいので省略しました。

その後に、この3つは考え方の一例であり、他にもいろんな合理的な理由が考えられるということ、しかし、どういう理由であるにせよ説得的であることが必要であるということを説明しました。

続いて、ルールと法の関係について話しました。法というのは社会全体のルールであり、今回の授業で生徒がしてくれたルール作りと同じように、まず当事者の利害対立をくみ取って、その上でみんなが納得できるような合理的な理由に従って定めることが重要になる、ということを伝えました。そして、そのようにして定められた法だからこそ、みんなが守ってくれるし、守らなくてはいけないものになるのだ、ということにつなげました。

そして、今回の授業を踏まえたメッセージとして、私たちの身の周りにはたくさんの法律があるものの、それらが納得できるものであるかどうかは各々が判断していかなくてはいけないこと、ただ法律として存在しているから何も考えず受け入れるのではなく、批判的な目でみることも大事だということ、を伝えました。

これでまとめを終えました。

3 授業を終えて

　授業後に行ったアンケートの感想欄から推察するに、私たちの伝えたかったメッセージはくみ取ってもらえたようです。

　しかし、今回の事例は、飲食店のゴミと一般家庭ゴミを同列に扱うという前提でスタートしており、現実を無視しているので（通常飲食店などから出る廃棄物は業者に頼むことになります）、考える前提としては不適切ではないか、という意見を授業後に頂きました。

　私たちは、事例はあくまで考え方を身に付けるための材料なので、多少現実離れしていても問題ないと考えて授業の事例を作りました。また、特にゴミ問題について学んでもらうつもりはなかったので、ゴミ処理の現状との乖離は問題としないこととしていました。けれど、講義をする側のそのような意図が当然に伝わるわけではないので、仮想事例を使って授業をする場合には、その旨を一言断わっておいた方がよいと感じました。

　私たちの班では、個別の法律の解釈論という授業形態ではなく、法律学に際して必要と思われる思考方法について授業を行いましたので、法律の専門的な話を聞きたかったという生徒の方からは、期待はずれだった、もっと具体的な法律の話が聞きたかった等の意見も寄せられました。しかし多数の生徒は、「法律は難しいものだと思っていたけど、身近になった。」「事例が易しくて、わかりやすかった。」等の好意的な感想を寄せてくれました。

4 解　説

　今回の事例を使って考えるべきことは、2点です。①各当事者の利害対立をくみ取るということ、②くみ取った利害対立をもとに、当事者が納得して受け入れられるルールを自分なりに考えてみるということです。

どちらかといえば②に主眼があり、①は②を考えるための準備段階として位置づけられます。

まず①については、事例から読み取れる範囲で、ある程度自由に考えてもらうことができ、そこで唯一の正解は想定されていません。

次に②についても、誰の家の前にするか等に関し、絶対的な正しい答えというのはやはり想定されていません。どのようなルールを作るかということよりも、なぜそのルールだと当事者が納得できるのかということを考えるのがねらいです。納得できるという理由としては、実際の授業で取り上げたように、全体の不利益の最小、個人が負う負担と全体で達成される利益とのバランス、負担の公平、などが考えられます。

他の思考方法も、合理的思考方法である限り、正解の1つになります。ちなみに合理的でない理由の例としては、「Bさんは一番若いから。」などが考えられます。今回の授業では、まとめのところで、このような不適切な理由づけも紹介しました。

ルール作りを通して、「ルール＝法」とは、所与の前提ではなく、その制定の基礎には主権者である国民が「納得できる」ような合理的な説明がある、ということを生徒に感じ取ってもらうのがねらいです。三権分立でいうと、「立法」作用の体験ということになります。

　　　　　　　　　　　文責：土田絵美、松田世理奈、森田桂一

●授業者一覧（＊は各章の執筆担当者）

第1章：岡本直也＊　亀田康次＊　齊藤　敦　　山口敬介＊
第2章：椎名絵里子　塩川泰子＊　秦野涼子　　福田　淳　　三澤正大
第3章：小林有斗＊　島本元気　　高橋綾子　　塚田久美子　百瀬　玲
第4章：岸川奈々　　都留綾子　　松本　渉＊　吉田亮一
第5章：浅井健人　　荻野玲子　　桑田仁美　　関根　毅　　出口裕子
　　　　中尾俊介＊
第6章：有村眞由美　小島文恵　　島　幹彦　　杉浦恵一＊　福永智子
第7章：飯島裕希＊　大友温子　　川上由希子＊　ジェイムス・ダカティ
　　　　橋本志伸
第8章：清水貴久　　高畑桂花　　廣田　駿　　宮井麻由子＊　村上貴一
第9章：浅野　亮　　竹中輝順　　土田絵美＊　松田世理奈＊　森田桂一＊

ロースクール生が、出張教室。法教育への扉を叩く9つの授業

2008年11月20日　初版第1刷発行

監修者　大　村　敦　志
編著者　東京大学法科大学院・出張教室
発行者　大　林　　譲

発行所　㈱商事法務
〒103-0025　東京都中央区日本橋茅場町3-9-10
TEL 03-5614-5643・FAX03-3664-8844〔営業部〕
TEL 03-5614-5649〔書籍出版部〕
http://www.shojihomu.co.jp/

落丁・乱丁本はお取り替えいたします。　印刷／(株)戸田明和
© 2008 Atsushi Omura　　　　　　　　　　Printed in Japan
Shojihomu Co., Ltd.
ISBN978-4-7857-1591-5
＊定価はカバーに表示してあります。